中級スペイン語
読みとく文法

西村君代 著

白水社

装丁：阿部賢司（silent graph）
校閲：Jesús M. Martínez Astudillo

まえがき

　スペイン語の文法を学び始めて最初のうちは、規則を覚えていくことが中心になり、それで理解できることや表現できることが順調に増えていきます。そして無事に初級の文法を一通り終え、教科書や参考書の例文から離れて生のスペイン語に触れ始めると、初級レベルの学習書では扱われていなかったことや、これまでの理解では納得しきれないことなどがたくさん出てきます。誰にでも起こる自然な流れですが、その段階での「？」を解決できるかどうかは、その後学習を続けていく上で、動機という点でも成果という点でも、非常に大きな鍵となります。その「？」を少しでも解決する助けになればということで本書は生まれました。

　初級と中級の間、中級と上級の間を橋渡しするようなレベルの学習参考書はすでに優れた著作がいくつかあります。本書は、どの項目も見開き 2 ページで読み切れるようになっていますので、それらの詳しい先行書を参照する前、または参照した後に、一通り読んで全体像を把握したり整理したりするのに使っていただくことを意識しています。また、そのために普通の文法書の章立てとは少し違った角度からの構成となっています。最初から読み進めることも、気になる項目だけを読むこともできます。

　一人で学習している人も、学校などで学習している人も、思うように力が伸びないと感じることはあると思いますが（私もいまだに落ち込むことばかりです）、仲間は日本にも世界にもたくさんいます。スペイン語学習を通じて、想像し、理解し、共感する気持ちを高め、直接話のできる風通しのいい世界を作っていきましょう。

　本書のスペイン語はすべて Jesús M. Martínez Astudillo さんが校閲してくださいました。細かい質問にも根気よく付き合っていただきました。恩師の高垣敏博先生と畏友の内田兆史さんには全体に目を通していただき、有益なコメントをいただきました。白水社編集部の鈴木裕子さんにはいつも適切なアドバイスをいただき、最後まで導いていただきました。この場をお借りして厚くお礼申し上げます。

2024 年 6 月　　著　者

目　次

第1章：文

1　文の要素

2　文の種類

第2章：限定詞・人称代名詞・動詞

1　限定詞

第*3*章：表現と文脈

1 さまざまな表現

第*4*章：歴史と地域差

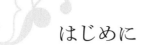

はじめに

　ここでは、本編に入る前の準備段階として、文法用語を確認しながら品詞ごとにスペイン語文法を概観します。形が変化するものとしないものとに分けて見ていきましょう。

形が変化するもの

①名詞 (nombre)

　すべての名詞は文法性 (género gramatical) を持ち、女性名詞 (nombre femenino) か男性名詞 (nombre masculino) に分かれます。自然の性 (sexo) を持つ生物を指す場合はその性と一致することが多く、自然の性を持たないものはその文法性がそれぞれ決まっています。語尾が -a で終わるものには女性名詞が多く、-o で終わるものには男性名詞が多いものの、例外もあり、また語尾からは判断できないものも多数あります。

　また、名詞は単数 (singular 1つ、1人) か複数 (plural 2つ、2人以上) かという数 (número) の区別も持ちます。数えられる名詞は単数形か複数形で、数えられない名詞は単数形で用いられます。

②冠詞 (artículo)

　冠詞は、それ自体では語彙的な意味は持たず、名詞の前に置かれてその名詞の表す概念を発話の場面に具体的に位置付ける役割を果たします。定冠詞 (artículo determinado/definido) と不定冠詞 (artículo indeterminado/indefinido) があり、どちらも性数変化します。定冠詞には女性 (femenino)、男性 (masculino) に加えて中性 (neutro) もあります。定冠詞は無強勢なので、後ろの名詞とつなげて一気に発音されるのに対して、不定冠詞は強勢を持ちます。　　　　　　　　　　　　　　　　　　　　　　　(☞〈冠詞〉)

③形容詞 (adjetivo)

　形容詞は名詞を修飾し、名詞の性数に一致 (concordancia) した形を取

ります。男性単数形が辞書の見出し語になり、それが -o で終わるものとそうでないものとで変化の仕方が異なります。人や事物の状態や性質を表す（barato 安い、blanco 白い）叙述形容詞（adjetivo calificativo）と、人や事物の数量を示したり（mucho 多くの、cinco 5 つの）、発話において指示したりする（este この、tu 君の）限定形容詞（adjetivo determinativo）があります。

　叙述形容詞は、意味に注目すると、品質形容詞（adjetivo calificativo）と分類形容詞（adjetivo relacional）に分かれます。品質形容詞は人や事物の状態や性質を表すもの（alegre 楽しい、pequeño 小さい）で、分類形容詞は名詞を何らかのグループに分類するもの（japonés 日本の、musical 音楽の）です。品質形容詞は名詞の前にも後ろにも位置し、分類形容詞は名詞の後ろに位置することが普通です。

　限定形容詞には、tu や nuestro などの所有形容詞（adjetivo posesivo）の前置形、estos や esa などの指示形容詞（adjetivo demostrativo）、muchos や algunas などの数量形容詞（adjetivo cuantificador）、qué と cuánto がある疑問形容詞（adjetivo interrogativo）、cuyo と cuanto がある関係形容詞（adjetivo relativo）が含まれます。名詞に後置されることもある指示形容詞と一部の数量形容詞以外は、必ず名詞の前に置かれます。

　所有形容詞は、所有者の人称と所有物の性・数（1 人称・2 人称複数）か数（1 人称・2 人称単数、3 人称単数・複数）によって（mis, vuestras など）、指示形容詞は、指示する名詞の話し手からの距離と名詞の性・数によって（estas, aquel など）、それぞれ形が変化します。また、数量形容詞は一部のものが性・数または数によって（pocas, ningún など）、疑問形容詞の cuánto、関係形容詞の cuyo, cuanto は、後続する名詞の性・数に合わせて変化します。

　　　　　（☞〈所有詞・指示詞〉〈数量詞〉〈比較の表現〉〈関係詞を含む文〉）

④代名詞（pronombre）

　文脈の中ですでに登場した名詞の代わりをしたり、発話の場面で人や事物を直接指示したりするのに使われます。人称代名詞（pronombre personal)、所有代名詞（pronombre posesivo）、指示代名詞（pronombre demostrativo）、数 量 代 名 詞（pronombre cuantificador）、疑 問 代 名 詞（pronombre interrogativo）、関係代名詞（pronombre relativo）があります。

　人称代名詞には、人称（1人称 primera persona・2人称 segunda persona・3人称 tercera persona）、性（男性・女性・［一部で］中性）、数（単数・複数）の区別に加え、格（caso）の区別があります。格の区別があるのはスペイン語ではこの人称代名詞だけで、人称代名詞が文中で動詞や他の語とどういう文法関係にあるのかを示します。主語の場合が主格、目的語の場合には目的格（直接目的格・間接目的格）、前置詞の後に来る場合が前置詞格です。

　また、人称代名詞は、主語と目的語が指す対象が同じ、つまり再帰かそうでないかによっても区別され、再帰代名詞（pronombre reflexivo）という再帰専用の形があります。

　人称代名詞には強勢を持つものと持たないものがあり、強勢を持つのは主格と前置詞格で、その他は無強勢です。

　所有代名詞は、所有者の人称と所有物の性・数によって（el mío, las suyas など）、指示代名詞は、指示する名詞の話し手からの距離と名詞の性・数によって（esta, aquellos など）、それぞれ形が変化します。また、数量代名詞は一部のものが性・数または数によって（bastantes, demasiado など）、疑問代名詞は quién と cuál が数、cuánto が性と数によって変化し、関係代名詞では、〈定冠詞＋ que〉と〈定冠詞＋ cual〉の定冠詞、cuanto が性数変化、quien と〈定冠詞＋ cual〉の cual が数変化をします。

　　　　　　　　（☞〈格〉〈所有詞・指示詞〉〈数量詞〉〈関係詞を含む文〉）

⑤動詞（verbo）

　動詞の語形変化は活用（conjugación）と呼ばれます。直説法・接続法・命令法という「法（modo）」と、現在、過去などの「時制（tiempo verbal）」の区別が存在し、1つの動詞が1つの法・時制につき、人称（1人称・2人称・3人称）と数（単数・複数）で6通りの変化をします。ただし、命令法は2人称単数と2人称複数の肯定命令の活用のみです。すべてにおいて規則通りの活用をする動詞（cantar, comer など）と、時制

によって規則であったり不規則であったりする動詞（decir, ir など）があります。なお、不規則な活用にもある程度のパターンがあり、どれかにあてはまる場合がほとんどです。

　時制は以下のような体系になっています。直説法：「現在時制」現在、現在完了、「過去時制」点過去、線過去、過去完了、過去未来、過去未来完了、「未来時制」未来、未来完了。接続法：「現在時制」現在、現在完了、「過去時制」過去、過去完了、「未来時制」未来、未来完了。ただし、接続法の未来と未来完了は現代スペイン語ではほぼ使われません。

　これらの時制のうち、「〜完了」という名称のものは、〈haber ＋動詞の過去分詞〉という複合形（forma compuesta）を取り、それ以外は動詞単独で活用する単純形（forma simple）です。人称と数によって形が変わったものを動詞の人称形（forma personal）と言います。

　一方、不定詞（infinitivo）、現在分詞（gerundio）、過去分詞（participio）は人称と数によって変化しないので、動詞の非人称形（forma no personal）と呼ばれます。cantar を例に取ると、それぞれ cantar, cantando, cantado という形が対応します。　（☞〈法・時制・アスペクト〉〈動詞の非人称形〉）

形が変化しないもの

①副詞（adverbio）

　副詞は、動詞、形容詞、他の副詞、文全体を修飾します。形に注目すると、-mente で終わるものとそうでないものに分けられます。接尾辞 -mente は形容詞の女性単数形に付加し、主に方法や様態を表す副詞を作ります（exacta ＋ -mente ＝ exactamente ちょうど、igual ＋ -mente ＝ igualmente 同様に）。-mente で終わらない副詞には、muy（とても）、hoy（今日）、aquí（ここに）のように本来の副詞と、形容詞の男性単数形と形が共通のもの（alto 高く、mucho 多く）があります。副詞は性数変化をしませんが、bien（よく）と mal（悪く）は比較級として mejor, peor と形を変えます。

　意味に目を向けると、場所（atrás 後ろに）、時（siempre いつも）、数量（bastante かなり）、様態（rápido 速く）、肯定・否定（sí はい、no いいえ）、

疑惑（quizá たぶん）が挙げられます。

　cómo や dónde などの疑問副詞（adverbio interrogativo）と、como, donde などの関係副詞（adverbio relativo）もあります。

（☞〈願望・疑惑の表現〉〈比較の表現〉）

②前置詞（preposición）

　前置詞は、en, por, de など、名詞や代名詞など名詞相当の語句や節の前に付き、文において他の語句との関係を表す語です。según を除き、すべて無強勢です。また、後ろに来る代名詞が人称代名詞の場合は、entre と según を除き、前置詞格を取ります。　　　（☞〈格〉〈時間・空間の表現〉）

③接続詞（conjunción）

　接続詞は、y や que など、文と文、または文の構成要素である語や句、節を結び付けます。複数の語がまとまった接続詞句（en cuanto 〜するとすぐに、a fin de que 〜という目的で）や、複数の要素を相関的に結び付けるもの（tanto... que... あまりに多く〜なので〜）も多数あります。対等の関係で結ぶ等位接続詞と、一方をもう一方に従属させる従位接続詞があり、従位接続詞は、名詞節を導くもの（que, si など）、形容詞節を導くもの（que, cuyo など）、副詞節を導くもの（cuando, si, porque など）に分かれます。

（☞〈文の要素と構造〉〈法・時制・アスペクト〉〈条件の表現〉
〈譲歩の表現〉〈原因・理由・結果の表現〉〈目的の表現〉）

④間投詞（interjección）

　間投詞は、話し手が感情を表現したり、呼びかけのように聞き手の注意を喚起したりするのに用いられます。間投詞としてだけ存在する語（ay ああ、uf ふう、hala さあ）と、他の品詞からの転用（alto 止まれ、Jesús わあ！）があります。また、擬音語・擬声語（guau［犬の吠える声］ワン）も間投詞に含まれます。

　間投詞は原則的には文の構成要素にはなりません。

第 1 章：文

　この章では、文について扱います。文の意味を理解したり、文を作ったりするときに、その文がどのような骨格を持っているかを把握していることは基本中の基本です。そこを押さえれば、どんなに長く複雑に見える文でも必ず読みとくことができますし、自分でも作ることができます。逆に、そこをしっかり把握することができないと、いつまでたってもあいまいな理解しかできなかったり、単語をなんとなく並べた文でしか表現できないままになってしまいます。

　1では、スペイン語の文がどのような要素から成り立っているか、その要素の組み合わせにはどのようなものがあるかを見ます。2では、話し手（または書き手）がある種の意図を伝えるのにどのような形式の文を用いることができるのか、また、文の中心となる要素の種類によってどのような構造があるのかを述べます。

　この章でスペイン語の文の構造についてしっかり理解し、数行に渡る長く複雑な文に遭遇しても怖がらずに確実に意味を読み取れるようになること、また、込み入った内容でも構造をしっかり考えてスペイン語で表現できるようになることを目指しましょう。

1 文の要素

〈文の要素と構造〉

主部、述部

　原則として、文（oración）は主部（sujeto）と述部（predicado）からなります。動作や状態を述べる部分が述部で、動詞がその核となります。後で述べるように、主部を持たない文は存在しますが（☞〈構造による種類〉）、述部がない文は存在しないので（何らかの省略が生じて一見ないように見える場合は除きます）、文のもっとも重要な要素だと言えるでしょう。

　一方、主部は、述部の示す動作を行ったり、述部の表す状態にある人や物などを示したりする部分で、名詞か代名詞（またはそれと同等の語句）がその核となります。

　① **Daniel** va al trabajo en metro.　ダニエルは地下鉄で仕事に行く。
　② **Un gato gris** subió al tejado.　灰色の猫が屋根に登った。

　①②の例文では、網掛け部が主部、下線部が述部です。また、述部の核となる動詞は述語動詞（例文ではそれぞれ va と subió）、同様に、主部の核は主語と呼ばれます（例文ではそれぞれ Daniel と Un gato）。

句、節

　文は語が結び付いて構成されていますが、それぞれの語がばらばらに並んでいるわけではなく、いくつかの語がまとまってより大きな単位となり、それが集まってできています。上の②の例文の un gato gris では、核となっているのは名詞の gato ですが、un gato gris 全体で名詞相当の機能を果たしています。このように、ある品詞相当のはたらきをする 2 つ以上の語のまとまりを句（sintagma）と呼びます。un gato gris の場合は名詞句です。①の例文の en metro の場合には、「地下鉄で」という副詞の役割を果たしているので副詞句、または、en という前置詞が中心となって

いるので前置詞句と呼ばれます。

では、もうひとつ例を見てみましょう。

③ **Ana conoció a Luis <u>cuando trabajaba en Barcelona</u>.**
アナはバルセロナで働いているときにルイスと知り合った。

③の例文の破線部「アナがバルセロナで働いているとき」は、Ana conoció a Luis（アナはルイスと知り合った）を修飾する副詞として機能しています。つまり、2つ以上の語が集まって1つの品詞相当の機能を果たしているわけですが、その中に主部と述部の関係（主述関係）があるものは、句ではなく節（cláusula, oración）と呼びます。主部は省略されていますが Ana で、trabajaba en Barcelona が述部です。

ところで、この文には2つの主述関係が存在しています。ひとつは、Ana が主部で conoció a Luis cuando trabajaba en Barcelona が述部の関係、そしてもうひとつはその述部の中にある、主部が Ana で述部が trabajaba en Barcelona の関係です。このような場合には、文全体の主述関係を示す Ana conoció a Luis の部分を主節（cláusula/oración principal）、その要素の一部としての主述関係を示す cuando trabajaba en Barcelona の部分を従属節（cláusula/oración subordinada）と呼びます。

単文、複文、重文

文を主述関係で見た場合、3つの種類に分けることができます。

④ **Vamos a cenar fuera.**　夕食を外で食べよう。

⑤ **Como no me apetece cocinar, vamos a cenar fuera.**
料理をする気分ではないので、夕食を外で食べよう。

⑥ **Vamos a cenar fuera y luego vamos a tomar algo.**
夕食を外で食べて、それから飲みに行こう。

④のように、主述関係を1つだけ持つ文は単文と呼ばれます。残りの2つの例文は、どちらも2つの主述関係がありますが、⑤のように、主節と従属節からなるものを複文、⑥のように対等の関係で結び付いたものを重文と呼びます。

目 的 語

述部の核となる動詞には、いくつかのタイプがあります。

① **La temperatura bajó.**　気温が下がった。

② **David vio...**　ダビは…見た。

③ **Jesús regaló...**　ヘススは…贈った。

①の動詞 bajar「下がる」は主語 la temperatura だけを必要としており、これで欠けた要素のない文として成立しています。一方、②③の文には、欠けている要素があり、このままでは文が成立しません。②の ver「見る」は「何を・誰を」を示す要素を必要としていますし、③の regalar「贈る」には、「何を」と「誰に」が欠けています。このような要素のことを目的語（objeto）といい、それらを補った文は以下のようになります。

④ **David vio una película.**　ダビは映画を見た。

⑤ **Jesús regaló un libro a Marta.**　ヘススはマルタに本を贈った。

una película や un libro のように、動詞が表す動作や行為の直接の対象となるものは**直接目的語**（objeto directo）で、それが特定の人の場合には前置詞の a をつけて示します。

⑥ **David vio a Manolo.**　ダビはマノロを見かけた（マノロに会った）。

直接目的語を取る動詞は**他動詞**（verbo transitivo）と呼ばれ、直接目的語を取らない動詞、**自動詞**（verbo intransitivo）と区別されます。①の bajar はここでは自動詞です。

一方、動詞が表す内容に間接的に影響を受けるものが**間接目的語**（objeto indirecto）です。⑤で、「本」が「贈る」という行為を直接受ける要素（贈られるもの）で、マルタはその「本を贈る」という行為の向かう先（着点）になっています。間接目的語は必ず前置詞 a をつけて示します（a Marta）。

間接目的語は、以下のような動詞とともに起点を表すこともあります（⑦⑧⑨の le, les ☞〈位置と重複表現〉重複表現）。

⑦ **El policía le quitó el pasaporte a Carlos.**
警官はカルロスからパスポートを没収した。

⑦の例文では、もともとカルロスのもとにあったパスポートがそこから移動しているので、動詞 quitar（取る、奪う）にとっての間接目的語である Carlos はその移動の起点となっています。他にも、間接目的語は、利害、関与、所有などさまざまな関係を示します。

⑧ **Yo les pagué la cena a mis hermanas.**

　　私が妹たちの夕食代を払ってあげた。（利害：〜のために）

⑨ **Iván le rompió la nariz al ladrón.**

　　イバンは泥棒の鼻を折った。（所有：泥棒の鼻）

　動詞を辞書で引くと、他動詞か自動詞かという区別が挙がっていますが、この基準は絶対的なものではありません。ある動詞が他動詞としても自動詞としても用いられることもあれば、他動詞と分類されるものでも、対象への影響がより非直接的で（物理的ではなく心理的である場合など）、直接目的格人称代名詞ではなく間接目的格人称代名詞を取る場合（molestar「迷惑をかける」、preocupar「心配させる」といった心理動詞など）もあります（☞〈構造による種類〉自動詞文、〈格〉目的格1）。

⑩ **A Álex le preocupa mucho la enfermedad de su madre.**

　　アレックスは母親の病気がとても心配だ。

　名詞や代名詞以外に、不定詞（⑪）や節（⑫）も直接目的語となります。

⑪ **Quiero asistir a esa reunión.**

　　私はその集まりに出席したい。

⑫ **Pedro me dijo que no podría llegar a tiempo.**

　　ペドロは時間通りに着けないだろうと私に言った。

　entender という動詞のように、意味によって直接目的語を取るか間接目的語を取るかが変わってくる動詞もあります。たとえば、以下の例では、

⑬ **No entiendo a Juana.**

「フアナの言動が理解できない」という意味であれば、a Juana は直接目的語（No la entiendo.）、「フアナの言っていることが分からない」という意味であれば間接目的語です（No le entiendo.）（☞〈格〉目的格1、目的格2）。

補　語

　動詞が伴う要素は目的語以外にもあります。

　　① **Manuela es simpática.**　マヌエラは感じがいい。

　　② **Mi marido está ocupado.**　夫は忙しい。

　　③ **Sonia parece cansada.**　ソニアは疲れているようだ。

これらの例文は下線部の語がなければ意味として不十分です。しかし、それは動詞の動作や行為を受ける対象を表す名詞や代名詞ではないので目的語ではありません。このように、ser や estar、parecer のようなそれ自体ははっきりした意味をもたない動詞を意味的に補完する要素（名詞、形容詞、過去分詞、前置詞句など）を補語（complemento）と呼びます。また、次の例文では、下線部はなくても文は成り立ちますが（「パウラは帰宅した」）、パウラがどのように帰宅したかを示して意味を補完しているため、この場合も補語と考えます。これらの例では、主語を補完しているので、特に主格補語と呼ばれます。

　　④ **Paula volvió a casa agotada.**　パウラはくたくたで帰宅した。

　また、目的語を補完する補語もあり、目的格補語と呼ばれます。以下の⑤では、下線部の補語 presidenta は動詞 nombrar の直接目的語である Maite を補完しています。

　　⑤ **El comité nombró a Maite presidenta.**
　　　委員会はマイテを会長に任命した。

　主格補語、目的格補語という名称は補完する対象に基づいたもので、動詞の種類にかかわらず用いられます。一方、連結動詞（☞〈構造による種類〉自動詞文）ではない動詞の文に現れるもの（④⑤の agotada, presidenta）は特に叙述補語（complemento predicativo）と呼ばれることがあります。なお、ここまで見たタイプの補語は属詞（atributo）という名称で言及されることもあります。

　補語と呼ばれるものは他にもあります。まず、状況補語（complemento circunstancial）は、動詞の表す意味に、場所、時、方法などの情報を付加して修飾する要素です。

⑥ **Hoy dormiremos <u>en un hotel</u>.**　今日はホテルに泊まります。

⑦ **El avión llegó <u>a las ocho</u>.**　飛行機は 8 時に到着した。

⑧ **Nosotros vamos <u>en mi coche</u>.**　私たちは私の車で行きます。

例からわかるように、状況補語は、副詞か副詞と同等のはたらきをする前置詞句が担います。なくても文の成立そのものには原則的に問題がないという点、文中における位置が固定していないという点が特徴です。

　続いて、次の例文を見てみましょう。

⑨ **Nicolás insiste <u>en su inocencia</u>.**　ニコラスは無実を主張している。

下線部は〈前置詞＋名詞句〉となっていますが、これは状況補語のようにオプションとしての修飾要素ではありません。この要素を省略すると文が不完全になってしまうことから、insistir en... でひとつの意味を持っていると考えられます。このように、〈前置詞＋（代）名詞句〉が動詞と組み合わさって特別な意味を表す場合、それは補完補語（斜格補語）（suplemento/complemento de régimen preposicional）と呼ばれます。⑩⑪から分かるように、外見上同じ〈動詞＋前置詞〉の組み合わせでも、補完補語ではなく状況補語の場合もあるので、違いを見極めることが大切です。

⑩ **Mi abuelo <u>sufre de</u> diabetes.**　（補完補語）
祖父は糖尿病<u>を患っている</u>。

⑪ **En el cristianismo se habla de sufrir <u>de buena gana</u>.**　（状況補語）
キリスト教では<u>喜んで</u>苦しみを引き受けるという話をする。

　以上、見てきたように、動詞が述語として文中で機能するには、それぞれ決められた要素を伴います。文の意味を正しく理解するには、それらの役割をそれぞれきちんと把握することが必要になります。自分でスペイン語の文を作るときにも、中心となる動詞がどのような要素を必要とするのかを考慮して骨組みを作り、適宜それに肉付けをしていく作業になります。

2 文の種類

〈内容による種類〉

平 叙 文

　聞き手に、何かを（断定したり推量したりして）伝える文を**平叙文**（oración declarativa）といいます。発音上は最後にイントネーションが下降し、書記上はピリオド（punto）で終わります。肯定文と否定文があります。否定を表す語（否定語）がなければ肯定文です。

　① **Óscar nació en París.**　オスカルはパリで生まれた。

　② **Claudio estará en casa.**　クラウディオは家にいるだろう。

　一方、否定文には何らかの否定語があります。代表的なものは副詞の no で、活用した動詞の直前に現れます（☞〈数量詞〉不定語 2）。

　③ **Yo <u>no</u> tengo hermanos.**　私には兄弟がいない。

　no は活用した動詞以外とも用いられますが、文の述語動詞に no が付いていなければその文は否定文ではありません。

　④ **Quiero un medicamento <u>no</u> muy fuerte para el dolor de cabeza.**
　　頭痛用のあまり強くない薬が欲しいです。

　⑤ **Siento <u>no</u> haber podido contestarte antes.**
　　もっと早くに返事できなくてごめん。

　その他の否定語には nada, nadie, ninguno, nunca, jamás, tampoco, ni, apenas があります。これらの語が動詞より後ろに現れる場合には、動詞の前に no も必要で、⑥のように文中に 2 つの否定語があってもいわゆる二重否定とはなりません。

　⑥ **<u>No</u> había <u>nadie</u> en la sala.**　その部屋には誰もいなかった。

動詞より前に来る場合には、no は一緒に用いません。

　⑦ **Tampoco pudo venir Sara.**　（× Tampoco no pudo venir Sara.）
　　サラも来られなかった。

感 嘆 文

　感嘆文（oración exclamativa）は、話し手が何かに強い印象を受けた時に、その感情を表す文の形式です。発音上は、大きなイントネーションの動きが文末で急に下降することが特徴で、書記上は、文の前後を感嘆符（¡ !）（signo de exclamación）で挟みます。

　感嘆詞には、qué, cuánto, cómo があり、疑問詞と共通です。基本的な文型は、感嘆の対象により次の4つです。どの文型でも、主語が明示されるときには、動詞の後ろに位置します。

❶ ¡Qué ＋名詞・形容詞・副詞！

　¡Qué ilusión!　楽しみだなあ！

　¡Qué guapas estáis hoy!　君たち今日きれいだねえ！

　¡Qué bien habla (usted) español!　スペイン語お上手ですね！

❷ ¡Qué ＋名詞＋ más/tan ＋形容詞！

　¡Qué voz más bonita tienes!　君はなんていい声なんだ！

❸ ¡Cómo/Cuánto ＋動詞！（様態、数量、程度）

　¡Cómo pesa esta bolsa!　このカバンはなんて重いんだ！

❹ ¡Cuánto ＋名詞！（名詞の数量）

　¡Cuánta gente hay!　なんてたくさんの人なんだ！

　また、平叙文が、感嘆文のようなイントネーションで発音されて（または、感嘆符とともに表記されて）感嘆文と見なされることもあります。

　　¡Felipe es un caradura!　フェリペは図々しいやつだ！

　また、以下の構文も意味的に感嘆文と見なすことができるでしょう。

〈lo ＋形容詞・副詞＋ que ＋動詞〉

　¡Lo difíciles que fueron las preguntas!　質問の難しかったこと！

　¡Lo bien que canta Inés!　イネスの歌の上手なこと！

〈定冠詞＋名詞＋ que ＋動詞〉

　¡El sueño que tiene el niño!　その子の眠そうなこと！

感嘆文は文中で従属節となることがあり、間接感嘆文と呼ばれます。

　　No sabes cuánto te quiero.　あなたをどれほど愛しているか！

疑 問 文

　聞き手に何かを尋ねるのが疑問文（oración interrogativa）です。疑問符（¿　?）（signo de interrogación）で文の前後を挟んで表記します。文全体の真偽を尋ねる疑問文（全体疑問文）では、発音上は最後にイントネーションが上昇し、返答は普通「はい」か「いいえ」、つまり、sí か no です。

　①**¿Tienes pareja? —Sí.**　恋人いるの？ ——はい。

　②**¿Salisteis ayer? —No, no salimos.**
　　　昨日出かけたの？ ——いや、出かけなかったよ。

　何か具体的な情報を尋ねる疑問文の場合には（部分疑問文）、その情報に対応する疑問詞（interrogativo）で文を始めます。文末のイントネーションは普通下降しますが、詰問調になるのを避けるために軽く上昇させることもあります。

　③**¿Cuándo es la boda de Clara?**（時）　クララの結婚式はいつですか。

　疑問詞および〈疑問詞＋名詞〉の句（qué nombre, cuántos años など）の直後には名詞（句）は位置できません。したがって、主語が明示される場合、語順は〈疑問詞＋動詞＋主語〉となります（☞〈統語的基準〉）。

　④**¿Cuántos años tiene Paco?**　（× ¿Cuántos años Paco tiene?）
　　　パコは何歳ですか？

　また、疑問詞が前置詞を必要とする場合、〈前置詞＋疑問詞〉の語順で結び付き、分離することはありません。

　⑤**¿Con quién vas a la fiesta?**　（× ¿Quién vas a la fiesta con?）
　　　誰とパーティーに行くの？

　聞き手に直接何かを尋ねるわけではなく、念押ししたり、同意を求めたりする場合には付加疑問文と呼ばれる形式が用いられます。¿no? や ¿verdad? を文の最後に付け、イントネーションを上昇させます。¿verdad? のほうが、聞き手の返答が肯定であることを予想している程度が強くなります。

　⑥**Usted es de Perú, ¿verdad?**　ペルーのご出身ですよね？

　形式上は疑問文でも、実際には聞き手に返答を求めずに話し手の考えを述べる文があり、修辞疑問文と呼ばれます。

⑦ **¿Quién sabe hacerlo mejor que ella?**

　　誰が彼女よりうまくそれをできるんだ？（そんな人はいない）

　疑問文は、文中で従属節となることがあり、間接疑問文と呼ばれます。疑問詞がある場合はそのまま、ない場合は接続詞 si でつなぎます（口語では preguntar が主動詞の場合、接続詞 que も一緒に現れることがあります）。

⑧ **Me preguntaron (que) <u>cómo me encontraba</u>.**　私は体調を訊かれた。

⑨ **No sé <u>si viene en coche</u>.**　私は彼女が車で来るのかどうか知らない。

　以下の⑩のように、主節の主語と疑問文の主語が同じ場合、疑問文の動詞が不定詞になることがあります。「～すべき」のようなニュアンスを持つ一種の間接疑問文です。

⑩ **No sabía <u>a quién llamar</u>.**　誰に電話すべきか分からなかった。

命 令 文

　聞き手が何かをするように、またはしないように指示する文が**命令文**（oración exhortativa/imperativa）です。狭い意味での命令だけでなく、依頼や勧誘、懇願なども表します。

　形式上は、tú と vosotros に対する肯定命令だけ専用の活用があり（☞〈法・時制・アスペクト〉法1）、その他、つまり、すべての否定命令と、usted, ustedes, nosotros に対する肯定命令では接続法現在の活用を用います。本書では、それらをまとめて命令形と呼ぶことにします。

⑪ **{Gira / Gire / Giremos / Girad / Giren} a la derecha.**

　　［それぞれ tú/usted/nosotros/vosotros/ustedes に対して］

　　右に曲がってください（右に曲がりましょう）。

　聞き手ではなく第三者に向けての命令は**間接命令**といい、〈Que ＋接続法現在形〉で表します。

⑫ **Que venga Nacho.**　ナチョに来てもらってください。

　この文を聞いているのは聞き手ですが、命令を実行する（＝来る）のはそこにはいないナチョです。

〈構造による種類〉

自動詞文

　すでに述べたように、自動詞とは直接目的語を取らない動詞です。それ自体でははっきりした語彙的な意味を持たず補語を必要とする ser と estar（また、それに準ずるものとして parecer など）のような動詞も自動詞に含まれます。これらの動詞は、主語と補語をつなぐ役割をすることから、「連結動詞」「繋辞動詞」「つなぎ動詞」「コピュラ」などと呼ばれます（verbo copulativo）。本書では「連結動詞」と呼ぶことにします。

❶ 〈主語＋自動詞〉

　　Han pasado cuatro años.　4 年が過ぎた。

　この例文では、cuatro años という主語が自動詞 pasar と結び付き、主語と自動詞のみで成り立っています。自動詞はその他の要素とともに用いられることも普通で、以下の例文では、despacio と en francés が状況補語、al dependiente が間接目的語です（☞ 〈文の要素と構造〉）。

　　Hablé despacio al dependiente en francés.

　　　私は店員にゆっくりとフランス語で話しかけた。

❷ 〈間接目的格人称代名詞＋自動詞＋主語〉

　自動詞には、間接目的格人称代名詞とともに用いられる一連のものがあります。感情・感覚を表すもの（gustar, apetecer, encantar, interesar, doler, etc.）、過不足を表すもの（faltar, sobrar, etc.）、出来事を表すもの（ocurrir, pasar, etc.）、価値を表すもの（convenir, importar, etc.）などで、動詞の表す内容が誰にとって起こるのかを間接目的格人称代名詞で示すことと、主語（不定詞や節の場合も）が通常は動詞の後ろに置かれることが特徴です。主語は、特に話題として提示したい場合などでは前に来ることもあります（☞ 〈情報的基準〉）。

　　Me gustan mucho los deportes.　私はスポーツが大好きだ。

　　¿Te duele la cabeza?　頭が痛いの？

<u>Eso</u> no <u>me importa</u>.　そのことは私にはどうでもいい。

　強調や明示、対比のために、〈a＋名詞・前置詞格人称代名詞〉で表される間接目的語がともに現れることもあります（☞〈位置と重複表現〉重複表現）。

<u>¿Qué le pasa a Emilio?</u>　エミリオはどうしたんですか？

❸ 〈<u>主語＋連結動詞＋主格補語</u>〉

　連結動詞の代表的なものは ser と estar で、主格補語として取れるものは、ser が名詞か形容詞、estar は形容詞です。〈de＋名詞・代名詞〉などの前置詞句が形容詞相当として用いられることもあります。

<u>María José es ingeniera</u>.　マリア・ホセはエンジニアだ。

<u>Este jersey es de lana</u>.　このセーターはウール製だ。

<u>Tomás está muy aburrido</u>.　トマスはとても退屈している。

<u>Mis padres están de viaje</u>.　両親は旅行中です。

　ser に関して、主語が3人称でも補語が1人称や2人称の代名詞の場合、補語に一致するという性質がみられます。また、主語と補語がともに3人称で数が異なる場合、複数に一致するほうが普通です。

<u>¿Señor Fernández? —Soy yo</u>.
　　フェルナンデスさんいらっしゃいますか？　——私です。

<u>Un minuto son sesenta segundos</u>.　1分は60秒だ。

　これらの文における補語は、直接目的格人称代名詞中性形の lo で受けることができます（☞〈格〉目的格1）。

<u>Santiago es un poco engreído</u>, ¿verdad? —Sí que <u>lo</u> es, sí.
　　サンティアゴはちょっとうぬぼれてるよね？　——うん、そうだね。

　ser と estar 以外には、parecer に同様の用法があり、連結動詞に準ずるものと考えられます。

<u>Belén parece contenta</u>. (= Belén <u>lo</u> parece.)　ベレンはうれしそうだ。

　その他、seguir, resultar, ponerse, andar なども主格補語を取ってつなぎに近いはたらきをし、**準連結動詞**（verbo semicopulativo/pseudocopulativo）と呼ばれます。

<u>Seguimos sin coche</u>.　私たちはまだ車がないままです。

他動詞文

すでに述べたように、直接目的語を取る動詞が他動詞です。それだけで成立する文型と間接目的語や補語などその他の要素を取る文型とがあります。

1 〈主語＋他動詞＋<u>直接目的語</u>〉

　① **Mi hijo toca <u>el violín</u>.**　息子はバイオリンを弾きます。

　② **Estamos esperando <u>a Eva</u>.**　私たちはエバを待っています。

　直接目的語は、それが特定された人を指す場合 a で示します（☞〈文の要素と構造〉目的語）。①の el violín とは異なり、②の Eva は特定された人なので a が付いています。ただし、動詞が tener の場合には、特定された人の場合でも a が付かないことがあります。

　③ **Tengo <u>dos hermanos</u>.**　私には兄弟が 2 人いる。

③の直接目的語は自分の兄弟なので当然誰であるかが特定されていますが、dos hermanos のように限定詞を持たない名詞句の場合には a は付きません。次の④と比べてみましょう。

　④ **Tengo <u>a mi hijo</u> con sus abuelos.**　息子は祖父母と一緒にいます。

④のように名詞句が限定詞（ここでは mi）を伴い、一時的な状態を表す叙述補語とともに用いられる場合には a が必要です（☞〈文の要素と構造〉補語）。

　他動詞文では、状況補語や補完補語が現れる場合も多くあります。以下の例では、⑤の en diez plazos が状況補語、⑥の a cenar が補完補語です。

　⑤ **Compré <u>un coche</u> en diez plazos.**　10 回払いで車を買った。

　⑥ **<u>Te</u> invito a cenar.**　夕食おごるよ。

2 〈主語＋他動詞＋<u>直接目的語</u>＋<u>間接目的語</u>〉

　⑦ **La niña (le) enseñó <u>un dibujo</u> <u>a su madre</u>.**

　　その女の子は絵を母親に見せた。

　間接目的語は、常に a で示します（☞〈文の要素と構造〉目的語）。また、

間接目的語が特に固有名詞や特定された 3 人称の人や事物の場合、無強勢の対応する人称代名詞（le, les）を動詞の前に置くことがよくあります（☞〈位置と重複表現〉重複表現）。

⑧ **(Le) mandé una postal a Rubén.**
　私はルベンに絵葉書を送った。

間接目的語は人であることが多いですが、事物も当然可能です。

⑨ **Se me olvidó poner(le) el sello a la carta.**
　手紙に切手を貼るのを忘れてしまった。

⑩ **Vamos a quitar(le) las espinas al pescado.**
　魚の骨を取りましょう。

⑩はすでに見たように（☞〈文の要素と構造〉目的語）、間接目的語が動作の向かう先ではなく、起点になっている例です（骨を魚「から」取る）。

❸〈主語＋他動詞＋直接目的語＋目的格補語〉

　目的格補語には名詞（⑪）、形容詞（または形容詞相当の前置詞句、⑫）、過去分詞（⑬）がなることができ、直接目的語と性と数が一致します。

⑪ **Considero a Gloria mi mejor amiga.**
　私はグロリアのことを親友だと思っている。

⑫ **Las encontré de mal humor.**
　彼女たちは不機嫌そうだった。

⑬ **No dejes el salón tan desordenado.**
　居間をそんなに散らかしておかないで。

❹〈主語＋他動詞＋直接目的語＋間接目的語＋目的格補語〉

　間接目的語は利害を表すことがあるので、❸の文型に「影響を受ける人」が加わったのがこの文型です。

⑭ **Lola siempre me pone muy difíciles las cosas.**
　ロラはいつも私に対して事態をとてもややこしくする。

再帰文 1（再帰・相互・自動詞化）

　再帰文（oración reflexiva）の形式的な特徴は、主語と再帰代名詞（pronombre reflexivo）とが、人称と数において一致していることです。再帰代名詞とともに用いられる動詞を**再帰動詞**（verbo reflexivo）と呼びます。

　他動詞と用いられる場合、再帰代名詞は、主語の行う動作の直接の対象となる直接目的語である場合と、主語の動作を間接的に受ける間接目的語である場合とがあります。つまり、主語と目的語が同じものを指しているので再帰代名詞を用いますが、機能としては直接目的格または間接目的格人称代名詞と同じだということです。

　再帰代名詞が直接目的語である①のような文は直接再帰と呼ばれます。

　① **Mi hijo siempre se mira en el espejo antes de salir de casa.**

　　　私の息子はいつも家を出る前に鏡を見る。

動詞の主語も直接目的語も 3 人称単数で、息子が自分自身を鏡で見る、という構造になっています。もし見る相手が別の 3 人称単数の誰かであれば、女性か男性かによって la または lo (le) になります（☞〈格〉目的格 1）。

　次の②の例では再帰代名詞は間接目的語で、間接再帰と呼ばれます。

　② **Elena ya se ha lavado las manos.**　エレナはもう手を洗った。

主語と再帰代名詞は 3 人称単数ですが、洗う直接の対象である las manos が直接目的語で、手の持ち主を示す se は間接目的語です。この場合も、もし別の 3 人称単数の誰かの手なのであれば、se は le になります。自分の体の一部に何かをしたり、衣類などを着脱したりする動作を表す動詞では、この形式が用いられ、体の一部や衣類が直接目的語、再帰代名詞が示す動作を行う人が間接目的語となります。

　また、再帰代名詞で表される間接目的語が利害の受け手を示すような場合もあります。

　③ **Mis padres se han hecho una casa nueva.**　両親は新しい家を建てた。

③の例では、実際に家を建設したのは業者であっても、主語である両親に主体性があり（依頼主）、利益を受けていること（自分たちのために建てた）が示されます。

主語と再帰代名詞が複数の場合、同じ行為を相手に対して行うことから、「お互いに〜する」の意味が表せます（この用法では特に**相互動詞**verbo recíproco と呼ばれることがあります）。

④ Raquel y yo <u>nos conocemos</u> desde hace años.
　　ラケルと私は何年も前からの知り合いだ。

④の例は再帰代名詞が直接目的語ですが、間接目的語の場合もあります。以下の⑤では、regalos が直接目的語です。

⑤ Cecilia y Sonia <u>se mandan</u> regalos para los cumpleaños.
　　セシリアとソニアは誕生日にプレゼントを贈り合う。

その他の再帰動詞の用法と混同の恐れがある場合には、相互の意味を補うために、mutuamente, (el) uno a(l) otro［女性同士の場合は (la) una a (la) otra］などが用いられます。

　再帰代名詞が付くことで他動詞が自動詞としてのはたらきをすることがあります。levantarse「起きる」、sentarse「座る」、acostarse「寝る」などの動詞は、文型としては〈主語＋自動詞〉のようになります。

⑥ Anoche <u>me acosté</u> a las doce. （acostarse 再帰動詞）昨夜は12時に寝た。

　　Cf. Anoche <u>acosté a mi hija</u> a las nueve. （acostar 他動詞）
　　　　昨夜は娘を9時に寝かせた。

また、再帰動詞として用いられた場合に、他動詞の主語が補完補語として表れるタイプも数多くあります。

⑦ <u>Me alegré del resultado.</u> （alegrarse de... 再帰動詞）
　　私はその結果に喜んだ。

　　Cf. Me <u>alegró el resultado.</u> （alegrar 他動詞）
　　　　その結果は私を喜ばせた。

さらに、再帰動詞になると連結動詞のように機能するものがあります（☞〈構造による種類〉自動詞文）。主格補語が文中に表れます。

⑧ <u>Se pone nerviosa</u> cuando está con Alfonso. （ponerse 再帰動詞）
　　アルフォンソといると彼女は落ち着かなくなる。

　　Cf. Alfonso la <u>pone nerviosa.</u> （poner 他動詞）
　　　　アルフォンソは彼女を落ち着かなくさせる。

再帰文 2 （その他の用法）

　再帰代名詞が動詞句の表す内容の意味やニュアンスを変える場合があります。他動詞でも自動詞でも見られます。たとえば、他動詞 leer「読む」の例を見てみましょう。

　　① <u>Me leí</u> el libro de un tirón.　　私はその本を一気に読んでしまった。

この文では再帰代名詞があることで、「本を読む」という行為が「私」にとってなんらかの影響を及ぼすということや、動詞句の表す事態が完了したということが示されます。他動詞では、他に、comer(se), saber(se), creer(se) などがあります。

　自動詞の場合、ir(se), dormir(se), venir(se), salir(se) などがありますが、まず ir「行く」の例を見てみましょう。

　　② **Rafael <u>se fue</u> de la sala sin decirnos nada.**

　　　　ラファエルは私たちに何も言わずに部屋から出て行った。

目的地への移動ではなく、起点からの移動を表す時には、再帰代名詞が付きます。また、dormir「眠る」という動詞は、「眠る」という行為そのものではなく「寝入る」という状態の変化を表す場合には再帰代名詞を伴います。

　　③ **Me acosté y <u>me dormí</u> enseguida.**

　　　　私は横になってすぐに寝入った。

　また、連結動詞（または準連結動詞）の estar, quedar でも再帰代名詞を伴う用法が見られます。意図的に行為を行う次の④のような例では再帰代名詞を取ることが普通です。

　　④ **¡<u>Estate</u> quieta!**　　じっとしてなさい！

　ここまでの動詞の場合には、再帰代名詞を伴う再帰動詞としての用法と再帰代名詞なしの用法があります。一方、arrepentirse de... や quejarse de... など、常に再帰代名詞とともに用いられる本来的な再帰動詞もいくつかあります。

　　⑤ **<u>Me arrepiento</u> de haber dejado ese trabajo.**

　　　　その仕事を辞めたことを後悔している。

さて、ここまで扱ってきた再帰文では、すべての人称が可能です。一方、再帰文には 3 人称だけが可能なタイプもあります。その特徴は、主語に主体性がなく、自然に生じる現象を表すという点です。中動態（voz media）と呼ばれます。

⑥ **La ventana se abrió sola con el viento.**
　　窓が風で勝手に開いた。

関与者があれば間接目的格人称代名詞で表します。

⑦ **¿Se te ha ocurrido alguna idea?**
　　何か考え浮かんだ？

romper, estropear, olvidar, manchar のような一連の動詞は、他動詞の構文（⑧）、間接再帰の構文（⑨）、中動態の構文（⑩）がすべて可能です。

⑧ **Rompí un florero.**
　　私は花瓶を割った。

⑨ **Me rompí una pierna montando en bici.**
　　私は自転車に乗っていて脚を折った。

⑩ **Se me rompió un collar, regalo de mi abuela.**
　　祖母の贈り物のネックレスが壊れてしまった。

se は、不定人称文や受動文でも用いられますが、それはそれぞれの節で扱います（☞〈構造による種類〉不定人称文、〈受動の表現〉）。

最後に、再帰代名詞の前置詞格について見ておきましょう。3 人称の再帰代名詞 se の前置詞格は sí で、前置詞 con と用いられるときは consigo という形になります。再帰の意味を強める mismo とともに使われることが多くあります（☞〈格〉前置詞格）。

⑪ **Beatriz solo piensa en sí misma.**
　　ベアトリスは自分のことしか考えない。

⑫ **Mi hermano es muy estricto consigo mismo.**
　　兄は自分に対してとても厳しい。

無主語文

　自然現象や時などを表す動詞で、3 人称単数形（時刻の表現では複数形も）でしか用いられず、主語がないと考えられる文を無主語文としてまとめて整理しましょう。単人称文（oración unipersonal）と呼ばれることもあります。無主語文としてしか用いられない動詞と、無主語文以外の用法も持つ動詞とがあります。

　llover「雨が降る」、nevar「雪が降る」、amanecer「夜が明ける」など自然現象を表す動詞は、無主語文でしか用いられません。ただし、②のように比喩的に用いられる場合には、主語を取ることもあります。

　① **Ayer llovió.**　昨日雨が降った。

　② **En la ciudad llovían bombas.**　町では爆弾が降っていた。

hacer が名詞と、estar が形容詞と結び付き、気象を表します。

　③ **Hace mucho frío hoy.**　今日はとても寒い。

　④ **Mañana va a estar nublado.**　明日は曇りだ。

時や時刻を表すには ser や dar が用いられます。時刻が 1 時台以外の時には複数形になりますが、その他は単数形です。

　⑤ **Ya es tarde.**　もう遅い。

　⑥ **¿Qué hora es? —Son las tres y media.**　何時ですか。—3 時半です。

　⑦ **Entonces dieron las diez.**　その時（時計が）10 時を打った。

de día, de noche, tarde という語句を伴って「夜が明ける」「日が暮れる」「遅くなる」をそれぞれ意味する hacerse もこのタイプの文と考えられます。⑧に見られるように間接目的格人称代名詞を取ることもあります。

　⑧ **Se nos ha hecho tarde.**　（私たちは）遅くなってしまった。

　存在を表す haber の用法も 3 人称単数形でしか用いられない無主語文です。後ろにくる直接目的語が主語と解釈されて複数形になる⑨のような例が、特に直説法現在形（hay）以外で観察されることがありますが、誤用とされています。

　⑨ × **Hubieron muchos participantes.**（○ Hubo）
　　参加者がたくさんいた。

動詞 haber は〈haber que ＋不定詞〉という無主語文も作り、一般的に誰にでもあてはまる義務を表します。否定文になると、⑪に示したように文脈により「〜する必要はない」か「〜してはいけない」のどちらかの意味になります。

⑩ Hay que tener paciencia.　辛抱しなければならない。

⑪ No hay que llevar nada.　何も持って行く必要はない。
　　　　　　　　　　　　　　何も持って行ってはいけない。

動詞 hacer を〈hacer ＋経過時間＋ que...〉の構文で用いると、出来事が起きてから経過した時間や、状態が継続している期間が表現できます。hacer は常に 3 人称単数形ですが、時制は、経過時間の基準点がいつかによって、現在（⑫）、未来（⑬）、過去（⑭）など変化します。

⑫ Hace seis meses que vivo en este barrio.
この地区に住んで 6 か月になります。

⑬ Mañana hará un año que nació mi nieto.
明日で孫が生まれて 1 年になる。

⑭ Ayer hizo una semana que salí del hospital.
退院して昨日で一週間になった。

その他、ir, oler (a...), bastar (con...) などの動詞も無主語文で使われることがあります。

⑮ A Arturo le va muy bien en el nuevo trabajo.
アルトゥロは新しい仕事でとてもうまくいっている。

⑯ En el cuarto de baño huele a moho.
洗面所がカビ臭い。

不定人称文

　動詞の表す行為を行う主体を明示せずに表現する文が不定人称文（oración impersonal）です。無人称文や非人称文と呼ばれることもあります。主語が不明で特定できない場合や特定の主語を明示したくない場合、また明示する必要がない場合に使われる構文です。

　動詞の動作主が話し手や聞き手以外の場合にもっともよく用いられるのが〈動詞の3人称複数形〉という形式です。自動詞でも他動詞でも可能です。

　　①**Me han invitado a una boda.**　私は結婚式に招待された。
　　②**Ángel, te llaman.**　アンヘル、呼んでるよ。

どちらの例文でも、動作主（招待した人、アンヘルを呼んでいる人）は話し手や聞き手ではありえず、また具体的な第三者が誰かいるはずですが、ここではそれを明示していません。また、動作主がたとえ実際には単数であったとしても、この構文では複数形を使います。

　3人称複数の主語を省略した文かどうかは文脈で決まります。上の①②の例文も、状況によっては具体的な動作主である「彼ら」が想定され、「彼らは私を招待してくれた」や「アンヘル、彼らが君を呼んでるよ」という意味にもなりえます。

　動作主が話し手も聞き手も含めて誰にでもあてはまる状況の場合には、〈se ＋動詞の3人称単数形〉の構文が用いられます。

　　③**¿Cómo se va a la estación de metro?**
　　　　地下鉄の駅へはどうやって行きますか。

特定の誰かにとっての行き方を訊いているのではなく、かつ、訊いている話し手や訊かれている聞き手が駅に行く場合にもあてはまることなので、この構文が使用されます。

　こちらのタイプの不定人称文は、自動詞の場合か、また他動詞の場合には、直接目的語が特定された人の場合にのみ可能です。他動詞でそれ以外の場合（事物か不特定の人）には、se受身の構文〈se ＋動詞の3人称〉が用いられます（☞〈受動の表現〉se受身と不定人称）。

④ Enseguida <u>se</u> <u>atendió</u> a los heridos.

　すぐに負傷者は手当てされた。

④の例文では、atender が他動詞で a los heridos が直接目的語（特定された人）であることを確認しましょう。手当てした人を明示していないだけで、手当てされた負傷者はあくまで直接目的語であり、受動文のように受身の主語になるわけではありません。

　ところで、この例文のような状況では、話し手や聞き手が手当てした人である可能性は低いので、動作主が第三者であるということがはっきり示される〈動詞の3人称複数形〉の構文のほうがより普通です（⑤）。

⑤ Enseguida <u>atendieron</u> a los heridos.

④の〈se ＋動詞の3人称単数形〉の構文では、より動作主が一般化され、話し手や聞き手である可能性も含まれます。

　なお、④の例文の3人称の直接目的語を代名詞で置き換えるとき、以下の⑥のように、直接目的格の los ではなく、間接目的格の les が現れることがあります（☞〈格〉目的格1）。

⑥ Enseguida se <u>les</u> atendió.

このように〈se ＋動詞の3人称単数形〉の不定人称文中の直接目的語を示すのに le/les が用いられる傾向は、男性を指す場合に顕著ですが、女性を指す場合、つまり la/las の代わりになることも珍しくありません。

　不定人称文として主体を明示しない方法は他にもあります。動詞を2人称単数形で用い、聞き手を巻き込んで暗に話し手の考えを示す文（⑦）や、uno を使って第三者のこととして表しながら暗に話し手自身のことを指す文（⑧）がよく用いられます。

⑦ Si quieres conseguir algo, <u>debes</u> aprovechar cualquier oportunidad.

　何かを達成したいなら、どんな機会も利用しなくてはいけない。

⑧ A veces <u>uno</u> tiene que renunciar a sus ideales.

　時に人は理想を捨てなければならないものだ。

第2章：限定詞・人称代名詞・動詞

　この章では、名詞句において重要な位置を占める限定詞について
まず1で扱います。限定詞とは、名詞の前に置かれて、名詞の指す
対象を何らかの形で限定するはたらきをする語です。名詞そのもの
は概念しか表さないので、実際に発話の中で具体的な指示対象を示
すためには、限定詞が介在する必要があります。限定詞には、冠詞、
所有詞、指示詞、数量詞、関係詞、疑問詞、感嘆詞が含まれますが、
ここでは、冠詞、所有詞、指示詞、数量詞にしぼって扱います。

　冠詞は、日本語を母語とするスペイン語学習者にとっては、スペ
イン語文法の中でもっとも頭の痛い項目のひとつです。ここでは、
定冠詞、不定冠詞、無冠詞の3つに分けて検討し、その違いが読み
取れ、使い分けができるようになることを目指します。

　一方、一見単純に見える所有詞、指示詞の体系には、意外と間違
いやすい点が隠れています。初級では気づきにくいポイントを観察
しましょう。数量詞のページでは、不定語・否定語について整理し
ます。また、数詞では、初級レベルでよく扱われるものは省略し、
大きい数の表し方や、分数、小数、倍数などを紹介します。

　続いて2で扱う人称代名詞も、日本語話者にとって非常に複雑か
つ面倒に思える項目です。ここでは、特に戸惑うことが多いと思わ
れる、複数の人称代名詞が続く場合の語順と、直接目的語・間接目
的語と目的格人称代名詞との重複に関するルールを中心に扱います。
人称代名詞は、文中で重要な情報を与えてくれる要素ですから、そ
の使い方をきちんと確認しましょう。

　本章の最後の3では、動詞の時制と法、そしてアスペクトについて、
中級レベル以上で理解しておきたい体系としての見方を意識したア
プローチをします。また、動詞の不定詞、現在分詞、過去分詞のは
たらきについてもまとめます。

1 限定詞

〈冠　詞〉

はじめに

　スペイン語には、定冠詞（artículo determinado/definido）と不定冠詞（artículo indeterminado/indefinido）があります。一方、名詞は冠詞を伴わないこともあります。したがって、冠詞の用法の正確な理解には、定冠詞、不定冠詞、無冠詞の3つがあると考えることが必要です。

　定冠詞は、ある名詞が指すものに関して、話し手が、聞き手も何を指しているかを了解していると考えるときに用いられます。これを「定である（definido）」または「定性（definitud）がある」と言います。①の例文では、話し手と聞き手があらかじめある映画について話をしていたために、どの映画であるかを聞き手が知っていると話し手が判断した状況です。

　　① **Me gustó mucho la película.**　映画とても気に入ったよ。

　聞き手が了解しているという状況にはさまざまなケースがありえます。②③のように状況的・常識的に明らかな場合や、個々の事物や人ではなくそれが属するグループ全体を指す総称の場合（④）、1つしか存在していないものを指す場合（⑤）などがそれにあたります。

　　② **¿Por qué no te quitas la chaqueta?**　上着脱いだらどう？

　　③ **Mañana es el cumpleaños de Lola.**　明日はロラの誕生日だ。

　　④ **Las verduras son imprescindibles para la salud.**　野菜は健康に不可欠だ。

　　⑤ **El sol quemaba el suelo.**　太陽が地面を焦がしていた。

　一方、不定冠詞は、ある名詞が指すものに関して、話し手が頭の中で他と区別してイメージしているもので、かつ聞き手がそのイメージを共有していないと話し手が考えるときに用いられます。

　　⑥ **Este reloj me lo regaló un amigo.**　この時計は友人がプレゼントしてくれた。

⑥の例文の un amigo が示すのは、話し手は当然知っているものの（＝特定 específico）、聞き手は了解していないだろうと話し手が判断している

（＝不定 indefinido）1 人の友人です。また、不定冠詞を伴う名詞は、話し手にとって不特定（inespecífico）のものを指す場合もあります。

　⑦ **Necesitamos una nevera nueva.**　新しい冷蔵庫が必要だ。

この文では、話し手の頭には 1 台の冷蔵庫が浮かんでいるものの、まだ具体的な冷蔵庫が決まっているわけではありません。

　不定冠詞は、他と区別してイメージするものを指すという性質を持つので、他と区別して個別化できない不可算名詞とは相いれません。

　⑧ **Hay que echar {×una gasolina / ○ gasolina}.**　ガソリン入れないと。

　しかし、⑨のように不可算名詞が可算名詞として扱われる場合や、⑩のように形容詞などがついて個別性が浮かび上がれば可能です。

　⑨ **Me apetece tomar un café.**　コーヒーが 1 杯飲みたいな。

　⑩ **Hacía un frío terrible.**　ひどい寒さだった。

不定冠詞にも、総称と呼ばれる用法があります。定冠詞を用いた総称が、あるグループ全体に属する構成員すべての集合というとらえ方なのに対し、グループの構成員の中の 1 つを例として取り出すイメージになります。

　⑪ **Un médico debe estar preparado para lo inesperado.**
　　　医者というものは不測の事態に備えておくべきだ。

　不定冠詞には、複数形の unos/unas がありますが、これらを冠詞ではなくむしろ数量詞であると見なすべきだと考えられる場合があります。

　⑫ **En esta calle hay {unas tiendas / tiendas}.**

⑫はどちらもスペイン語で可能な文ですが、unas が付くと、「この通りにはいくつか店がある」というように店が複数でかつそれらが話し手の頭の中でそれぞれイメージされていることが示されるのに対して、無冠詞では、単に「この通りには店がある」というような意味になります。

　⑬⑭の例から分かるように、無冠詞は名詞の概念だけを示します。通常、可算名詞では複数形（⑬）、不可算名詞では単数形（⑭）で用いられます。

　⑬ **No tengo palabras.**　何と言っていいか分かりません。

　⑭ **No quiero perder tiempo.**　私は時間を無駄にしたくない。

可算名詞でも、社会常識的に 1 つ、1 人であれば単数形です。

　⑮ **Victoria tiene marido.**　ビクトリアには夫がいる。

主語と冠詞

　主語になる名詞句は、後で挙げる例外を除き、何らかの限定詞（determinante）を伴っている必要があります。したがって、主語になる名詞句に冠詞が付く場合の選択肢としては、定冠詞か不定冠詞があるということになります。その使い分けは前のページで述べたとおりですが、もう少し詳しく確認しましょう。まず定冠詞の例です。

① <u>Los periódicos</u> siguen siendo la primera fuente de información para muchos.

　　新聞は多くの人にとっていまだに第一の情報源である。

② <u>El periódico</u> que tienen en esta cafetería es uno deportivo.

　　このカフェに置いてある新聞はスポーツ新聞だ。

　①での定冠詞は、すべての新聞を指している総称の使い方です。一方、②では、「このカフェに置いてある」とどのような新聞かを限定することで、聞き手にも了解されている、または了解されるはずと話し手が判断するため、定冠詞が用いられています。

　次は不定冠詞の例です。

③ <u>Una afición</u> en común nos une.

　　ある共通の趣味が私たちを結び付けています。

③の例では、話し手にはもちろんどの趣味かが分かっていますが、聞き手にはそれがどんな趣味かが了解されていないと話し手が判断しているため、不定冠詞が用いられています。また、④の総称の用法の例文では、「母」というグループの構成員の中の1人を代表例として取り出して示しています。

④ <u>Una madre</u> a veces necesita tiempo sin sus hijos.

　　母というものは時に子供のいない時間が必要だ。

　では、続いて、主語になる名詞句が限定詞を取らず無冠詞で現れる場合を確認しましょう。

⑤ <u>Dormir</u> con el estómago lleno engorda.

　　お腹いっぱいで眠ると太る。

⑥ <u>Alumnas y alumnos</u> participaron en la organización del evento.

　女子生徒も男子生徒もそのイベントの企画に参加した。

⑦ <u>Bicho malo</u> nunca muere.　憎まれっ子世にはばかる。

⑧ Aquí se cultivan <u>uvas</u>.　ここではブドウが栽培されている。

⑨ Sobra <u>dinero</u>.　お金が余っている。

⑤のように不定詞が名詞として主語になる場合は通常無冠詞です。以下の⑩のような例もありますが、この場合には、動詞としての性質が弱まり、むしろ普通名詞として用いられていると考えられます。

⑩ <u>El cantar</u> de los pájaros nos dio los buenos días.

　鳥の鳴き声が朝のあいさつをしてくれた。

　また、⑥のように新聞の見出しなどで対になる名詞が列挙される場合や、⑦のようにことわざや格言の場合にも、名詞が無冠詞で現れることがあります。

　⑧は、se 受身と呼ばれる構文ですが（☞〈受動の表現〉受動文の主語）、特定されていない名詞の場合、動詞に後置され無冠詞というのが普通です。受身の主語はもともと動詞の直接目的語なので、典型的な主語とは異なり、むしろ次のページで扱う直接目的語と同じように振る舞います。

　また、⑨の sobrar のような自動詞は、同じく過不足を表す faltar といった動詞とともに、その主語が意図的に行う動作ではなく状態や事態を表すもので、自動詞の中でも特に非対格自動詞（verbo inacusativo）と呼ばれて区別されます。他には、生起・存在を表す動詞（ocurrir, existir, desaparecer, etc.）などがありますが、このタイプの動詞の主語は、特定されていなければ無冠詞で動詞の後ろに位置するというのが通常です（☞〈統語的基準〉）。

目的語と冠詞

　目的語になる名詞句の場合には、定冠詞、不定冠詞、無冠詞のすべてが可能です。ここでは直接目的語を用いて説明しますが、間接目的語や、前置詞の後に来る名詞の場合も、慣用句などを除くとそれに準ずると考えられます。

　目的語に定冠詞が付くのは、話し手と聞き手にとって了解されているものや、文脈や状況によって特定されているものを指示する場合だけで、概念だけを示す場合には無冠詞となります。不可算名詞は単数形（①）、可算名詞は複数形（②）です。

① **Suelo tomar <u>vino</u> en las comidas.**
　　私は食事でワインを飲む習慣だ。

② **No leo <u>novelas</u> policíacas.**
　　私は推理小説を読まない。

vino や novelas に定冠詞をつけて el vino、las novelas とすると、どのワイン、どの小説を指しているのかが了解済みで「いつもの（特定の種類の）あの〜」のような意味になります。

　ver <u>la tele</u>「テレビを見る」、tocar <u>la guitarra</u>「ギターを弾く」、sacar <u>el pasaporte</u>「パスポートを取る」のように、それぞれ「テレビ」「ギター」「パスポート」と聞けば一定のものが想定されるような場合も定冠詞が付きます。

　また、同じく定冠詞が付く次の③を見てみましょう。

③ **Se quitaron el abrigo.**　　彼らはコートを脱いだ。

定冠詞が用いられるのは「彼らのコート」として発話上で了解済みだからですが、実際にはコートの数は複数のはずなのにもかかわらず単数形が使われています。複数形も可能ですが、このような場合には、各自のコートは1着ずつということから、単数で用いられることが多いようです。

　目的語が無冠詞の例として、次のような文も挙げられます。

④ **Mónica habla <u>inglés</u> y <u>francés</u>.**　　モニカは英語とフランス語を話す。

言語名は、この例のように、hablar, saber, aprender, estudiar, enseñar といっ

た特定の動詞と結び付く場合には、無冠詞になる強い傾向があります。

　一方、目的語に不定冠詞が用いられるのは、すでに見たように、ある名詞が指すものに関して、話し手が頭の中で他と区別してイメージしているもので、かつ聞き手がそのイメージを共有していないと話し手が考えるときです。不定冠詞は可算名詞にしか付きませんが、不可算名詞にも形容詞またはそれに相当する修飾要素が付くことで、不定冠詞が現れることがあります。まとめて確認しましょう。

⑤ Voy a preparar <u>el café</u> que compré en Colombia.

　コロンビアで買ってきたコーヒーを入れよう。

⑥ No tomo <u>café</u> por la noche.

　私は夜にコーヒーを飲まない。

⑦ Necesito <u>un café</u> bien cargado para despejarme.

　しゃきっとするのに濃いコーヒーが（1杯）必要だ。

　⑤では、コロンビアで買ってきたコーヒーとして了解されるため定冠詞、⑥では、コーヒーという飲み物自体を表しているので無冠詞、それに対して、⑦では、具体的な1杯のコーヒーがイメージされているので不定冠詞がそれぞれ用いられています。

その他の場合

　その他、文中での役割によって冠詞の有無がほぼ決まる場合があります。連結動詞 ser の主格補語になる名詞や、elegir などの動詞の目的格補語となる名詞が、国籍、職業、地位などを表す場合（⑧⑨）、また、名詞が呼びかけに用いられる場合（⑩）には、無冠詞が原則です。

⑧ Leonardo es <u>enfermero</u>.　レオナルドは看護師です。

⑨ Me han elegido <u>vocal</u>.　私は理事に選ばれた。

⑩ <u>Profesora</u>, ¿tiene usted un minuto?　先生、少しお時間ありますか。

〈所有詞・指示詞〉

所 有 詞

　スペイン語の所有詞（posesivo）には前置形（短縮形とも）と後置形（完全形とも）の2つの形式があります。前置形は文字通り名詞の前に置かれ、名詞が指す対象となる事物や人の所有者を表すとともに、定冠詞のような機能を果たします。つまり、<u>tu</u> bolsa（君のカバン）と言うときには、「話し手も聞き手もどのカバンのことかを知っているカバン（定冠詞的機能）＋そのカバンは君のもの（所有詞的機能）」という意味であるということです。なお、特に前提となる文脈がなくても、¿Dónde está <u>tu</u> casa?（君の家はどこ？）と言えるのは、「普通人はどこかの家に住んでいるものだ」という常識から定冠詞的機能と結び付くためだと考えられます。

　一方、後置形には定冠詞的機能がなく、いわば純粋な形容詞として名詞が指す対象の持つ属性の1つとして所有者を示します。たとえばある友人（amigo）について、「よい友人」や「背の高い友人」などと言うのと同じように「私の友人」と示すことになります。したがって、名詞の前の位置には、定冠詞、不定冠詞、指示詞などが必要に応じて入ることができます（el / un / este / algún / cualquier amigo <u>mío</u>）。

　では、idea（考え）という名詞を例にして、いくつかのパターンの違いを観察してみましょう。

　　① **mi idea**　② **la idea mía**　③ **una idea mía**　④ **una de mis ideas**
①と②は、どの考えのことを指しているのか、または考えがあるということを聞き手も分かっているはずという想定がされている点で共通ですが、最初からそれが私の考えであることが前提として提示されるのが①で、②では、誰の考えであるかが強調されます。一方、③と④は、聞き手はどの考えを指しているのか知らないだろうという想定で述べた場合です。④では、考えが複数あるうちの1つということが特に示されます。

　所有詞の後置形には、ここまで見たように後置されて名詞を直接修飾する他に、主語の補語になるという用法もあります。やはり形容詞として機

能するので、主語に性数一致します。

⑤ **Ese coche es <u>nuestro</u>.**　その車は私たちのです。

また、定冠詞と結び付くと、代名詞としてはたらきます。その場合、あらかじめ文脈に出てきて了解されている名詞の代わりをします。次の例では、la tuya が hija という名詞を指し、代名詞を使わないとすれば tu hija に対応します。

⑥ **Mi hija se llama Yolanda. ¿Y <u>la tuya</u>?**
　　うちの娘はジョランダと言います。君の娘さんは？

この代名詞としての用法で、ser の後に来ることもあります。

⑦ **Ese coche es <u>el nuestro</u>.**　その車が私たちのです。

この文では、「その車」と「私たちの車」とがあって、それをイコールで結んでいます。たとえば、「私たちの車」がこの辺りにあるという話をしている中で、「その車」がそうだというような状況です。一方、⑤の定冠詞なしの文は、「その車」がどういうものかを述べている中で、それが「私たちの」ものであるというような場合に用いられます。

この〈定冠詞＋所有詞の後置形〉は、男性複数形で用いられると家族を表すことがあり（⑧）、中性の定冠詞と用いられると、抽象的な所有物を表します（⑨）。

⑧ **¿Cómo están <u>los suyos</u>?**　ご家族はお元気ですか。

⑨ **<u>Lo nuestro</u> no tiene futuro.**　私たちのことに未来はない。

所有詞の3人称は、前置形でも後置形でも、所有者がはっきりしない場合があります。たとえば su dirección では、「彼の／彼らの／彼女の／彼女らの／あなたの／あなた方の／その／それらの住所」という意味がありえます。普通は文脈から判断されますが、明示化するために前置詞の de を使って、la dirección <u>de ella</u> などという言い方をすることがあります。<u>su</u> dirección <u>de ella</u> のように所有詞と二重になる例も地域によっては存在します。

所有詞は、その名称にもかかわらず、実際には所有というより関係性を表す場合も多くあります。たとえば、mi cuadro（私の絵）では、私が所有している絵以外にも、私が描いた絵、私が描かれた絵といった意味を表す可能性があります。

指　示　詞

　話し手が、自分のいる位置や時間を基準にして、物や人などとの関係を表すのが指示詞（demostrativo）です。名詞とともに用いられる指示形容詞と名詞の代わりをする指示代名詞があります。空間上では、話し手のいる位置からの距離、時間上では、話し手がいる現在からの距離が基準となり、3段階（近称・中称・遠称）で示されます。

① Acabo de terminar de leer <u>este</u> libro.　この本を読み終えたばかりです。

② ¿Me puedes enseñar <u>ese</u> libro?　その本を見せてもらえる？

③ No me acuerdo del título de <u>aquel</u> libro que regalamos a Concha.
　　コンチャにプレゼントしたあの本のタイトルが思い出せない。

　①と②では、どちらも発話が行われている場にある本を指していますが、話し手の手元にある近称の①に対し、聞き手の手元にある②では話し手からの距離が少しあるので中称の ese が用いられています。一方、③では、以前にあげた本で現在からの時間的な距離が大きいと話し手がとらえているため、遠称の aquel が使われています。ただし、使い分けの基準となる距離には心理的な要素も大きいので、同じくらい以前のことでも、同じ指示詞が用いられるとは限りません。

④ <u>Ese</u> / <u>Aquel</u> año fue el mejor de mi vida.
　　あの年は人生で最良の年だった。

　スペイン語の指示詞の体系は3段階を区別するという点で日本語の「こ・そ・あ」と共通ですが、その使い分けの方法には違いがあります。スペイン語はあくまでも話し手からの距離が基準となるのに対し、日本語では、話し手に近いものが近称、聞き手に近いものが中称、話し手からも聞き手からも遠いものが遠称で示されます。上の②の例は、スペイン語と日本語で一致する場合ですが、それは、聞き手の手元にあるということが話し手からの距離が比較的近いということになるからです。スペイン語と日本語で不一致の起こる例を見ておきましょう。

⑤ Ayer me llamó María. —¿Y quién es <u>esta</u> María?
　　昨日マリアから電話があったよ。——で、<u>その</u>マリアって誰？

⑥ **¿Ves esa iglesia?** <u>あの</u>教会が見える？

⑤は、日本語では聞き手が言及したので「その」が用いられますが、スペイン語では、話し手が近いものと意識していれば esta が使われます。ここでは話に出たばかりで近いということになります。⑥のスペイン語では、話し手からそれほど遠くなければ esa が用いられますが、日本語では、話し手からも聞き手からも離れたところにあるので「あの」となります。

指示形容詞は名詞の前に置かれるのが普通ですが、特に口語では後置されることもあります。〈定冠詞・所有詞＋名詞〉に指示詞としての意味を加えて対象を明らかにしたり（⑦）、皮肉や軽蔑のニュアンスを添えたり（⑧）します。

⑦ **¿Has visto la película esa de la que se habla mucho?**
話題になってるその映画見た？

⑧ **El gobierno este me saca de quicio.** この政府にはまったくイライラする。

すでに述べたように、名詞の代わりをする指示代名詞もあります。

⑨ **Quiero una camiseta. —¿Qué tal esta?**
Ｔシャツがほしいんです。──こちらはいかがですか。

指示代名詞の近称は人を紹介する場面で用いられることもあります。

⑩ **Este es mi hermano Javi.** 兄のハビです。

ただし、無礼なニュアンスが出ることがあるので、家族や親しい友人以外では、〈指示形容詞＋名詞〉が通常用いられます。

⑪ **Este señor es un paciente mío.** こちらは私の患者さんです。

また、指示代名詞には中性形があり、何か分からないもの、したがって、男性名詞か女性名詞かが不明なもの（⑫）や抽象的な内容（⑬）を指します。

⑫ **¿Qué es eso? —Son colecciones de mi madre.**
それは何？──母のコレクションです。

⑬ **Esto es una locura.** これは狂気の沙汰だ。

日本語の「前者、後者」にあたる指示詞の用法では、話したり書いたりしている現在により近いほう（日本語では「後者」）が近称（este など）で、それより前に出てきてより遠いほう（日本語では「前者」）が遠称（aquel など）で示されます。

〈 数 量 詞 〉

不定語 1（alguno, ninguno ほか）

　数や量を表す語句を数量詞（cuantificador）といい、具体的に数を特定する数詞と特定しないそれ以外のものに分かれます。後者は不定語と呼ばれ、不定の人や事物を示します。品詞は、名詞、代名詞、形容詞、副詞にまたがっており、その用法によって形が変化する場合があります。

　ここでは、言及されている対象に関して、その指示範囲が全体なのか部分なのかを表す語について扱うことにします。該当する語には、alguno, ninguno, alguien, nadie, algo, nada, ambos, cada, todo, cualquiera などがありますが、特に混乱しやすい alguno, ninguno, alguien, nadie, algo, nada の用法について確認しましょう。

　alguno と ninguno は、形容詞または代名詞として、人にも事物にも用いられます。指示する対象に合わせて性数変化しますが（男性名詞の単数形の前に位置する場合は algún, ningún）、ninguno の複数形は非常に限定的で、gafas（メガネ）のように複数形で単数の事物を表すような場合（①）か、否定文で強調の意味（②）を出すのに用いられるだけです。

　　①**No tengo ningunas gafas de sol.**　私はサングラスを1つも持っていない。

　　　Cf. **No tengo gafas de sol.**　私はサングラスを持っていない。

　　②**No son ningunos aficionados.**　彼らは単なる愛好家ではない。

　一方、alguien と nadie は人、algo と nada は事物をそれぞれ指す代名詞で、形は無変化です。いずれも、性数一致が必要な場合には、男性単数となります（algo buen<u>o</u>, nada mal<u>o</u>）。なお、algo と nada には副詞としての用法もありますが、それは次の「不定語 2」で扱います。

　alguno/ninguno と algo/nada, alguien/nadie の違いは、alguno/ninguno が、形容詞として名詞を修飾する場合はもちろん、代名詞として用いられる場合にも何らかの名詞を想定しているのに対し（人の場合は「〜のうちの誰か」）、algo/nada, alguien/nadie にはそれがなく、漠然とした物や人を表すだけであるという点です。

③ Hay <u>algo</u> en el cajón.　引き出しに何かある。［漠然とした何か］

④ ¿Hay alguna <u>revista</u> de cine?　映画雑誌は何かありますか？

⑤ No hay <u>ninguna</u>.　一冊もありません。［revista を想定］

⑥ ¿Hay <u>alguien</u>?　誰かいますか？［漠然とした誰か］

⑦ ¿Tiene coche <u>alguno</u> de vosotros?　君たちの誰か車持ってるの？

⑧ No va <u>ninguno</u>.　誰も行きません。［〜のうちの誰も］

　したがって、「〜のうち」という具体的な構成員からなる集合が想定されている場合には、algo/nada, alguien/nadie を用いることはできません。

　　× nadie <u>de nosotros</u>　　　　○ ninguno de nosotros

　　× alguien <u>de los miembros</u>　　○ alguno de los miembros

ただし、漠然とした物や人の範囲を制限することは可能です。

alguien de mi familia　［漠然と家族の中の誰か］

alguno de mi familia　［家族の構成員のそれぞれを想定してそのうちの誰か］

　不定語としては alguno は名詞の前に置かれますが（⑨）、否定文で後ろに置かれ、ninguno のような意味を持つことがあります（⑩）。ninguno の場合には、名詞に前置されるのが普通ですが（⑪）、⑫のように後置すると、⑩のようなニュアンスが出ます。

⑨ Hay <u>alguna</u> razón.　何か理由がある。

⑩ No hay razón <u>alguna</u>.　どんな理由もない。［ありうる理由をすべて否定］

⑪ No hay <u>ninguna</u> razón.　まったく理由がない。

⑫ No hay razón <u>ninguna</u>.　どんな理由もない。

不定語 2（**mucho, poco** ほか）

　ここでは、数量・程度がどれくらいなのかを表す、poco, bastante, mucho, demasiado, algo, nada について扱います。

　まず poco, bastante, mucho, demasiado を見てみましょう。この 4 つの語は、一番左の「（否定的に）わずか」や「ほとんど（～ない）」を意味する poco から右に行くにつれ数量・程度が多く、大きくなり、一番右の demasiado では過度を表します。いずれも形容詞、副詞、代名詞として用いられます。

　形容詞として使われる場合、必ず修飾する名詞の前に置かれ、poco, mucho, demasiado は性数変化、bastante は数変化します。poco は、「（肯定的に）少しの」という意味を表す場合には、不定冠詞を伴います。名詞が可算か不可算かで形式が変わり、可算名詞の場合は〈unos pocos〉が名詞に合わせて性変化します。

① **Solo sé <u>unas pocas</u> palabras de japonés.**
日本語の単語を少しだけ知っています。

一方、不可算名詞の場合には、〈un poco de〉を単数名詞の前に付けます。

② **Tengo <u>un poco de</u> sed.**　少し喉が渇いています。

　副詞として用いられる場合、動詞を修飾するのであれば動詞の後ろ（③）、形容詞や他の副詞を修飾する場合はその前に置かれます（④）。mucho に関しては、形容詞や他の副詞の前に来る場合には、muy という形になります（⑤）。

③ **Jorge lee <u>mucho</u>.**　ホルヘはよく本を読む。

④ **Alicia es <u>bastante</u> alta para su edad.**
アリシアは年齢の割にはかなり背が高い。

⑤ **Hoy no me encuentro <u>muy</u> bien.**
今日は体調があまりよくない。

　なお、poco は「（肯定的に）少し」という意味の場合には un poco となります。⑥では、「ほとんど～ない」と否定的な意味ですが、⑦では、「少し」と肯定的な意味を表します。

⑥ **Diego duerme <u>poco</u>.** ディエゴはほとんど眠らない。

⑦ **Diego duerme <u>un poco</u> por la tarde.** ディエゴは午後に少し眠る。

「不定語1」で見た algo と nada も、副詞として動詞（⑧）や形容詞（⑨）・副詞（⑩）を修飾することがあります。

⑧ **No me gusta <u>nada</u> esta bebida.** この飲み物は全然好きではない。

⑨ **Estoy <u>algo</u> cansado.** 私はやや疲れています。

⑩ **José no baila <u>nada</u> mal.** ホセの踊りはなかなかのものだ。

poco, bastante, mucho, demasiado は、代名詞として用いられる場合、言及している名詞に合わせて性数変化します。

⑪ **<u>Muchos</u> piensan lo mismo.** 多くの人が同じように考えている。

⑫ **Hay muchas críticas sobre nuestra propuesta. —<u>Demasiadas</u>.**
私たちの提案にはたくさんの批判がある。——ありすぎるよ。

⑪では不特定多数を示すので、男性複数形になっており、⑫では críticas に合わせて女性複数形になっています。

ここまで扱った語の中で、ninguno, nada, nadie は否定の意味を持っており、動詞の前に位置する場合には、否定辞の no が不要であるという特徴があります。このような性質を持つ語を否定語と呼びます（☞〈内容による種類〉平叙文）。

⑬ **No quiero <u>nada</u>.** （× Quiero nada.）
何も欲しくありません。

⑭ **<u>Nadie</u> es perfecto.** （× Nadie no es perfecto.）
完璧な人などいない。

数　詞

　数詞（numeral）には、基数詞（cardinal）、序数詞（ordinal）、分数詞（fraccionario）、倍数詞（multiplicativo）があります。ここでは、基数詞の場合でも特に大きい桁と小さい桁の場合について、そして分数詞、倍数詞について扱うことにします。

　基数詞（cero, uno, dos...）は、男性名詞として、あるいは形容詞として用いられます。また、11 以上は、序数詞（primero, segundo...）の代わりにもなります。形容詞として用いられる場合には、名詞の前に置かれ（<u>diez</u> páginas 10 ページ）、cero では名詞が複数形になります（<u>cero</u> calorías ゼロカロリー）。序数詞の代わりとして使われる場合は、名詞の後ろに置かれます（la página <u>veinte</u> 第 20 ページ）。

　uno を一の位に持つ数詞が名詞の前に来る場合、uno はその名詞の性に一致して un または una になります（cuarenta y <u>un</u> dólares 41 ドル、setenta y <u>una</u> libras 71 ポンド）。ただし、mil（1000）が名詞との間に入る場合には、性が一致しない場合もあります（ochenta y <u>un</u> mil hectáreas / ochenta y <u>una</u> mil hectáreas 81,000 ヘクタール）。

　1,000 を表す mil には un は付きませんが（○ mil, × un mil）、501,000 のように別の数詞に続く場合には un が必要です（quinientos <u>un</u> mil）。また、男性名詞として用いられる場合を除き（<u>miles</u> de veces 何度も何度も）、複数形になることもありません（○ tres mil, × tres miles）。

　3 桁ごとの区切りの記号は、地域によって異なり、スペインではピリオド（.）、中南米ではコンマ（,）が伝統的に用いられています（1.234.567 / 1,234,567）。ただし、近年の正書法では、5 桁以上には記号を使わずにスペースを用いることが推奨されています（1 234 567）。

　100 万、1 兆を表す millón, billón はどちらも数詞ではなく普通名詞（男性名詞）なので、複数形があり（tres millones 300 万）、また、後ろに名詞が位置する場合、de で結ぶ必要があります（un millón de euros 100 万ユーロ）。なお、billón は、スペイン語ではアメリカ英語における *billion* のように 10 億の意味では使われません（この場合には mil millones また

は millardo）。

小数点は、地域によって異なり、スペインではコンマ（,）、中南米ではピリオド（.）が伝統的に用いられています。小数点以下の数字（decimal）は、1 桁ずつ、またはまとめて読まれ、偶数の桁数の場合には 2 桁ずつ読むこともあります。ピリオドは punto、コンマは coma か con と読みます。

分数を表すには、分子に基数詞が、分母に序数詞（3 〜 10）が用いられ、分子→分母の順に読まれます。分子が複数の場合には、分母も複数形になります（3/5 tres quintos）。ただし、分母が 2 の場合には、medio（1/2 un medio）が使われ、3 の場合には、序数詞 tercero の他に tercio という形も存在します（2/3 dos tercios / dos terceros）。帯分数は、y でつないで読みます（3 3/4 tres y tres cuartos）。

11 以上の分母は、基数詞に -avo という接尾辞をつけた形です（11 once > onceavo, 16 dieciséis > dieciseisavo, 20 veinte > veinteavo, etc.）。なお、基数詞の最後の母音が消失する形が同時に存在するものもあります（11 once > onzavo, 12 doce > dozavo, 13 trece > trezavo, 14 catorce > catorzavo, 15 quince > quinzavo, 18 dieciocho > dieciochavo, etc.）。ciento, mil, millón, billón の分数詞は、それぞれ centésimo, milésimo, millonésimo, billonésimo です。

また、分数の分母は〈序数詞（女性形）＋ parte(s)〉で表すこともできます。分子の 1 は una、また、分子が複数の場合は parte も複数形になります（1/7 una séptima parte, 4/9 cuatro novenas partes）。

倍数詞は「〜倍」「〜重」を意味します。通常用いられるのは 2 から 3 もしくは 4 までで（doble, triple, cuádruple）、それ以上の数では、... veces más（mayor）という表現が使われます（población cinco veces mayor 5 倍の人口）。名詞として用いられる場合は男性名詞です（el triple de dos 2 の 3 倍）。

最後に、ある数のまとまりを表す名詞をまとめておきましょう。
decena（10），docena（12），quincena（15），veintena（20），treintena（30），cuarentena（40），cincuentena（50），centenar（100），millar（1000）

Una docena de huevos, por favor.　卵を 1 ダースください。

2 人称代名詞

〈格〉

主　格

　人称（persona）とは、発話における役割を表す概念で、話し手が1人称（primera persona）、聞き手が2人称（segunda persona）、そしてそれ以外のあらゆる人や事物が3人称（tercera persona）です。人称は、数の概念である単数・複数と組み合わさり、1人称単数や3人称複数など、全部で6通りに区別されます。人称代名詞（pronombre personal）というのは、そのそれぞれに対応する代名詞のことです。スペイン語の場合、名詞では男性と女性の区別しかされませんが、代名詞にはそれに加えて中性も存在します。

　人称代名詞が動詞の主語として文に現れるときは主格と呼ばれる形を取り、それが主格人称代名詞です。1人称単数が yo、2人称単数が tú、3人称単数が él, ella, usted, ello、1人称複数が nosotros, nosotras、2人称複数が vosotros, vosotras、3人称複数が ellos, ellas, ustedes です。1人称と2人称の単数を除いては、性の区別がされます。複数形では、いずれの場合も、男性が1人でも含まれていれば、男性複数形が用いられます。

	1人称複数	2人称複数	3人称単数・複数
男性：	nosotros	vosotros	él, ellos
女性：	nosotras	vosotras	ella, ellas

　3人称単数には、中性の ello という代名詞があり、すでに文脈に登場して話し手と聞き手が把握している内容を指します。文語で主に用いられ、口語では代わりに指示代名詞中性形の eso が好まれます。

　① <u>**Ello no impide que Rafa sea el candidato idóneo.**</u>
　　　そのことはラファが理想の候補者であることを妨げない。

　聞き手を指す代名詞には、単数に tú と usted、複数に vosotros と ustedes があります。これらは、基本的には「親」（tú, vosotros）と「疎」（usted, ustedes）の違いで使い分けられ、前者を親称、後者を敬称と呼びます。友人など気心の知れた相手や、特に距離を置く必要のない相手には親称が用いられ、敬称は、親近感がない、また、敬意を抱いているなど、心理的な距離がある相手に用いられます。ただし、これらの使い分けには、社会階級などさまざまな要因が関わっているため、個人、家庭、社会などによって違いが見られます。また地域差も見られ、一般的には、イスパノアメリカよりもスペインでより親称が用いられやすいとされています。

なお、vosotros が用いられるのはもっぱらスペインで、イスパノアメリカでは聞き手が複数の場合には ustedes のみが使われます。つまり、用いられる人称が聞き手との関係性によって左右されないということです。

また、注意しなければならないのは、聞き手を指す usted と ustedes は語源的な理由によって文法上は 3 人称であるということです。したがって、動詞の活用、所有詞、目的格人称代名詞、再帰代名詞も 3 人称と対応します。

主格人称代名詞は省略されて文中に現れないのが普通です（②）。逆に省略されないのは、主語を強調するとき、主語を対比的に提示するとき、文脈や動詞の活用形からは判断しづらい主語を明示するときなどです（③）。また、敬称の usted, ustedes は比較的省略されにくいことが観察されています。

② **Lo he hecho.**　それをしました。

③ **<u>Yo</u> lo he hecho.**　私がそれをしました。

主格人称代名詞は④のように主語の補語としても用いられます（☞〈構造による種類〉自動詞文）。

④ **La responsable soy <u>yo</u>.**　責任があるのは私です。

イスパノアメリカの一部地域では（アルゼンチン、ウルグアイ、チリ、コスタリカなど）、2 人称単数に tú ではなく vos を用います（tú と vos が併用される地域もあります）。動詞の活用形も時制によって vos に対応した特別なものが存在します（☞スペイン語の地域差）。

⑤ **Y <u>vos</u>, ¿cómo te <u>llamás</u>?**　で、君は何ていう名前ですか？

前置詞格

　前置詞と組んで用いられる人称代名詞を前置詞格人称代名詞と呼びます。1人称単数と2人称単数を除いては、主格人称代名詞と共通で、1人称単数と2人称単数はそれぞれ mí と ti という形です。

　① **Esto es para {<u>ella</u> / <u>usted</u> / <u>ti</u>}.**
　　これは {彼女／あなた／君} にです。

　前置詞が entre および según の場合には、主格の yo, tú が用いられます。

　② **Entre <u>ella</u> y <u>yo</u> hay mucha confianza.**
　　彼女と私の間には強い信頼関係がある。

　③ **Así que no existe Dios, según <u>tú</u>, ¿verdad?**
　　ということは、君によると神は存在しないんだよね？

　また、mí と ti は、前置詞の中でも con と結び付くときには、conmigo, contigo という形になります。

　④ **Podéis contar <u>conmigo</u>.**　私をあてにしてくれていいよ。

　前置詞格人称代名詞は、前置詞 a と組み合わさっても、単独では動詞の直接目的語および間接目的語を示すことはできません（☞〈文の要素と構造〉目的語）。その場合、次節で見る目的格の人称代名詞を用います。なお、目的格人称代名詞と重複することは可能です（☞〈位置と重複表現〉重複表現）。

　⑤ × **Quiero <u>a ella</u>.** / ○ **<u>La</u> quiero.**
　　彼女を愛している。

　　Cf. ○ **<u>La</u> quiero <u>a ella</u> y no a ti.**
　　　彼女を愛してるんだ、君じゃなくて。

　⑥ × **Pepe escribió <u>a mí</u>.** / ○ **Pepe <u>me</u> escribió.**
　　ペペが手紙を寄こした。

　　Cf. ○ **Pepe <u>me</u> escribió <u>a mí</u>, precisamente a mí.**
　　　ペペが私に手紙を寄こしたんだ、他でもない私に。

　再帰代名詞の前置詞格は、3人称を除き、再帰ではない場合のものと同じです。3人称は、単数・複数とも sí で、前置詞 con の場合は consigo と

なります。「〜自身」の意味を補強する mismo（性数変化）とともに用いられることが普通です（☞〈構造による種類〉再帰文 2）。

⑦ **Miguel está enfadado <u>consigo</u> mismo.**

ミゲルは自分自身に対して怒っている。

⑧ **Inés siempre habla de <u>sí</u> misma.**

イネスはいつも自分の話をする。

⑧の hablar は、〈hablar de...〉で「〜について話す」という用法で、de の目的語が主語である Inés で同じ指示対象のため、前置詞格の再帰代名詞が用いられます。次の⑨と比べてみましょう。

⑨ **Inés siempre habla de <u>ella</u>.**

イネスはいつも彼女の話をする。

この ella はイネス以外の 3 人称単数女性を指します。

　3 人称の主格人称代名詞（中性の ello を除く）は、主語として用いられる場合には〈人〉しか指せませんが、前置詞格人称代名詞として用いられる場合には、〈もの〉を指すこともあります。⑩では「バイク」を指しています。

⑩ **Paz tenía una moto y en <u>ella</u> iba a cualquier sitio.**

パスはバイクを持っていてそれに乗ってどこへでも行った。

　主格人称代名詞と前置詞格人称代名詞は強勢を持っています。その点で、次節で扱う目的格人称代名詞と異なっています。

目的格 1（直接目的格）

　人称代名詞が動詞の直接目的語や間接目的語（☞〈文の要素と構造〉目的語）として用いられるときに取る形を目的格（直接目的格、間接目的格）と呼びます。これまでに見た主格、前置詞格の場合とは異なり無強勢なので、隣り合って現れる動詞に合わせて一気に発音されます。したがって、動詞なしで独立して用いることはできません。

　　① ¿A quién han elegido? —{× Me. / ○ A mí.}
　　　　誰が選ばれたんですか？　―私です。

　直接目的格は、1 人称単数が me、2 人称単数が te、3 人称単数が lo, la、1 人称複数が nos、2 人称複数が os、3 人称複数が los, las です。3 人称では性の区別がされます。3 人称複数形では、男性が 1 人（男性名詞が 1 つ）でも含まれていれば、男性複数形 los が用いられます。

　3 人称に関して詳しく見てみましょう。男性が lo/los、女性が la/las でそれぞれ対応していますが、これらは、〈人〉（②）も〈もの〉（③）も指すことができ、その性・数に一致します。

　　② ¿Conoces a Paula? —Sí, la conozco desde pequeña.
　　　　パウラのこと知ってる？　―うん、小さい頃から知ってるよ。

　　③ Han llegado los paquetes. ¿Los llevo a su cuarto?
　　　　お荷物が届きました。お部屋にお持ちしましょうか？

　一方、3 人称が男性で〈もの〉ではなく〈人〉を指す場合、lo/los ではなく le/les が用いられることがあります。

　　④ ¿Sabes dónde está Javi? —Le he visto en la biblioteca.
　　　　ハビがどこにいるか知ってる？　―図書館で見たよ。

スペインの大部分とイスパノアメリカの一部で見られるこの現象ですが、規範的に認められているのは④のように単数の場合のみです。また、地域によっては、男性で〈もの〉を指す場合や女性の場合でも le/les が用いられますが、やはり、その用法は規範的には好ましくないとされています。いずれにせよ、この lo/los, la/las, le/les に関しては、スペイン語圏全体で複数の体系があると考えられ、名詞が不可算名詞であるかどうかなどさま

ざまな要因が関わる場合もあります。学習者としては、まず規範的な体系を身につけるのがよいと思われます（☞スペイン語の地域差）。

なお、以下のような場合には、lo/los, la/las ではなく le/les が用いられることが一般的です。

まず、3 人称が聞き手である usted/ustedes の場合です。聞き手が男性の場合に特に顕著ですが、女性の場合にも認められています（⑤）。また、saludar といった動詞を用いた定型のあいさつ表現（⑥）も見られます。以下の例文は、聞き手が男性でも女性でも用いられます。

　⑤ **¿Le acompaño?** ご一緒しましょうか？

　⑥ **Le saluda atentamente.** 敬具（手紙の文末、署名の直前に書く表現）

別の例は、心理的影響を表す他動詞の場合です。asustar, molestar, preocupar などといった動詞は、主語が有生物か無生物か、行為に意図性があるかどうかといった要因により、lo/los, la/las ではなく le/les が用いられることがあります（☞〈文の要素と構造〉目的語）。

　⑦ **El mago la asustó.** ［有生物・意図的］
　　魔法使いはその子を驚かせた。（その子＝ la niña）

　⑧ **Le asustó el ruido.** ［無生物・非意図的］
　　その子は音に驚いた。

他に、使役、放任、知覚を表す動詞でもこのような例が見られる場合があります（☞〈使役・放任の表現〉〈知覚の表現〉）。

3 人称単数にはもう 1 つ無強勢の人称代名詞があります。中性の lo で、主格の ello に対応するものと考えるとよいでしょう。すでに文脈に登場して話し手と聞き手が把握している内容を指します。

　⑨ **¿Ya ha venido el profesor? —No lo sé.** もう先生来た？ —知らない。

この中性の lo には、〈主語＋連結動詞＋主格補語〉の構造を取る文の主格補語の置き換えをする用法もあります（☞〈構造による種類〉自動詞文）。抽象的な概念だけを指すので、置き換える名詞や形容詞の性数には左右されません。

　⑩ **Ana es un poco antipática, ¿no? —No, no lo es. Es más bien tímida.**
　　アナって少し感じ悪いよね？ —そうじゃないよ。むしろシャイなんだよ。

目的格 2 （間接目的格）

　間接目的格の人称代名詞は、1 人称単数が me、2 人称単数が te、3 人称単数が le、1 人称複数が nos、2 人称複数が os、3 人称複数が les です。直接目的格とは異なり、3 人称でも性の区別は示されません。

① <u>Le</u> di mi tarjeta en la conferencia.

講演会で {彼・彼女・あなた（男・女）} に名刺を渡した。

　また、3 人称の le/les は、同じく 3 人称の直接目的格人称代名詞（lo/los, la/las）と一緒に用いられるとき、se という形を取ります（☞〈位置と重複表現〉位置と語順）。

② <u>Se</u> la di en la conferencia.

講演会で {彼・彼女・あなた（男・女）} にそれ（名刺）を渡した。

　1 人称の単数 me・複数 nos と 2 人称の単数 te・複数 os では、直接目的格との形式上の区別はありません。

③ <u>Me</u> llamó Jorge.

ホルヘに呼ばれた。[ホルヘが私を呼んだ←直接]

④ Marta <u>me</u> enseñó una foto de su familia.

マルタが家族の写真を見せてくれた。[私に写真を←間接]

　間接目的語は、日本語の「〜に」に対応する動詞の行為の着点を表すだけではなく、他にもさまざまな関係を示します（☞〈文の要素と構造〉目的語）。当然、間接目的格人称代名詞もその機能を果たします。次の⑤は「〜から」という起点を表す例です。

⑤ <u>Me</u> robaron la agenda.　私はスケジュール帳を盗まれた。

　次の⑥の例では「〜を不思議に思う」という心理状態の経験者を表しています（☞〈構造による種類〉自動詞文）。

⑥ <u>Me</u> extrañó que Miguel no hablara nada.

ミゲルが何も話さないのは私には不思議だった。

　また、次の⑦では、「エレナが怒る」という事柄が聞き手に何らかの影響を与えるということを te が表しており、エレナと聞き手との間に何らかの利害関係があることが見てとれます。

⑦ Se <u>te</u> va a enfadar Elena.

エレナが怒るよ（そして君は困ったことになるよ）。

さらに、⑧の例では、間接目的格人称代名詞の nos が「プリンターが壊れる」という事態に影響を被る人を示していることから、プリンターの所有者であるという理解ができます（☞〈構造による種類〉再帰文 2）。

⑧ Se <u>nos</u> ha estropeado la impresora.

プリンターが壊れた。

最後に、再帰代名詞（☞〈構造による種類〉再帰文 1）の目的格をまとめておきましょう。再帰代名詞は直接目的格・間接目的格ともに共通の形で、1 人称単数が me、2 人称単数が te、3 人称単数が se、1 人称複数が nos、2 人称複数が os、3 人称複数が se です。性の区別はされず、3 人称では数の区別もありません。

⑨ <u>Se</u> levanta a las seis.　（～は）6 時に起きる。［←単数］

⑩ <u>Se</u> levantan a las seis.　（～は）6 時に起きる。［←複数］

また、1 人称単数 me・複数 nos と 2 人称単数 te・複数 os は、再帰ではない目的格代名詞と同じ形式です。動詞の活用が示す主語と同一の人や事物を指しているかどうかで区別されます。以下の⑪の例では、主語の yo と同じ人物を示しているので再帰代名詞、⑫の例では、主語は文脈上分かるので明示されていない 3 人称単数の誰かで、me が指す話し手とは異なるので、再帰代名詞ではありません。

⑪ <u>Me</u> llamo Lucía.　私はルシアと言います。［私が私を←再帰］

⑫ <u>Me</u> llama Lucía.　私は（～に）ルシアと呼ばれる。［～が私を←非再帰］

〈位置と重複表現〉

位置と語順

　目的格の人称代名詞は、活用した動詞の直前に位置します。ですから、否定文の場合、否定を示す no は目的格人称代名詞の前に来ます。

　　Te llevo en coche.　車で送るよ。

　　Alberto no me habla.　アルベルトは私と話してくれない。

　直接目的格と間接目的格が両方現れる場合には、〈間接＋直接〉の順になります。また、間接目的格 3 人称の le/les は、後ろに同じく 3 人称の直接目的格（lo, los, la, las）が来るとき、se となります（☞〈格〉目的格 2）。

　　¿Me dejas el último volumen? —Sí, te lo traigo mañana.

　　　最新号貸してくれる？　——うん、明日（君にそれを）持ってくるね。

　　¿Ya se lo has dicho a Susana? —Se lo dije ayer.　［se ← le］

　　　もうそれをスサナに言ったの？　——昨日（彼女にそれを）言ったよ。

　一方、動詞が肯定命令形を取る場合には（☞〈内容による種類〉命令文）、目的格人称代名詞は動詞の末尾に付きます。正書法上も 1 語として書きます。nosotros に対する命令で後ろに 3 人称の間接・直接目的格人称代名詞が付く場合、動詞の語尾の -s が脱落します。また、再帰代名詞であれば、nosotros と vosotros に対する場合、動詞の語尾の最後の子音（それぞれ -s と -d）が脱落します。動詞の強勢位置が維持されるので、正書法上アクセント記号が必要になる場合があります。なお、否定命令の場合は、代名詞は命令形の直前に置かれます。

　　Pidámoselo.　彼らにそれを頼もう。［pidamos + se + lo］

　　Póngame un tinto, por favor.　赤ワインを 1 杯お願いします。

　　Lavaos las manos antes.　先に手を洗いなさい。［lavad + os］

　　No se lo digáis a nadie.　それを誰にも言わないで。

　また、動詞が不定詞または現在分詞の場合にも、目的格人称代名詞は語末に直接付きます。やはりアクセント記号が必要になる場合があります。

　　Decirlo es una cosa, pero hacerlo es otra.

それを言うのとするのとでは大違いだ。

¿Todavía estás pensándotelo?　まだそのことを考えてるの？

ただし、不定詞、現在分詞でも、助動詞または助動詞相当の要素と結び付いて1つのより大きな意味を表す時には、複数の位置が可能です。

Estoy preparándote un café. / Te estoy preparando un café.

[estar ＋現在分詞] 私は君にコーヒーを用意しているところです。

No vas a poder conseguirlo. / No vas a poderlo conseguir. / No lo vas a poder conseguir.　[ir a ＋不定詞]

君はそれを成し遂げられないだろう。

次の文ではそのような結び付きがないので me は前に来られません。

×　**Luis me empezó a chillar señalando con el dedo.**

○　**Luis empezó a chillar señalándome con el dedo.**

ルイスは私を指さししながら叫び始めた。

1つの動詞が持つ複数の目的格人称代名詞は離れることはできません。

×　**No lo voy a deciros.**　君たちにそれを言わないよ。

○　**No voy a decíroslo.** / ○　**No os lo voy a decir.**

不定詞、現在分詞が複合形〈haber / habiendo ＋過去分詞〉で用いられる場合には、haber, habiendo に付きます。

No nos arrepentimos de haberla elegido.

われわれは彼女を選んだことを後悔していません。

すでに、直接目的格と間接目的格の人称代名詞が並ぶときは、〈間接＋直接〉の順になることを述べましたが、他にも無強勢の人称代名詞の語順のルールがあります。se（再帰代名詞および le/les が se になったもの）は常に一番前に位置し、その他は、2人称→1人称→3人称の順になります。

Se nos fue José.　[se →1人称] ホセが私たちのもとを去ってしまった。

Hijo, no te me vayas a poner malo.　[2人称→1人称]

ねえ、病気にならないでちょうだいね。

このルールが矛盾する場合、間接目的格を前置詞格にします。次の例では nos os が1人称→2人称となるため nos を a nosotros で示しています。

Ana os presentó a nosotros.　アナは君たちを私たちに紹介してくれた。

重複表現

　目的格人称代名詞が、対応する強勢形の直接目的語、間接目的語と重複して文中に現れることがあります（☞〈文の要素と構造〉目的語）。名詞の場合と人称代名詞の場合、それらが動詞の後ろに来る場合と動詞の前に来る場合とで分けて順に見ていきましょう。

　まず、動詞の後ろに位置する名詞の場合、それが間接目的語であれば、単独よりも目的格人称代名詞と重複するほうが普通です。次の①のように、プレゼントをもらうということで間接目的語であるホアキンに利益が及ぶような場合には、le が重複するのが自然です。

　① <u>Le</u> envié un regalo <u>a Joaquín</u>.　ホアキンにプレゼントを送った。

以下の②の comprar の例では、

　② Inma <u>(le)</u> compró una moto <u>a su hermano</u>.

「インマは弟にバイクを買ってあげた」という意味で間接目的語が利益を受ける場合には le が必要で、le がない場合には、「インマは弟からバイクを買った」という間接目的語が起点となる意味にもなりえます。さらに、leer の 2 つの例を見てみましょう。

　③ La profesora <u>(le)</u> leyó un poema <u>a la clase</u>.
　　　先生はクラスに向けて詩を読んだ。

　④ El padre <u>le</u> leyó un cuento <u>a su hijo</u> en la cama.
　　　父親は息子にベッドでお話を読んであげた。

　③の例は le がなくても成り立ちますが、④の例では息子を寝かしつけるためにお話を読むという状況では le が必要です。

　なお、gustar や encantar のような自動詞は、間接目的語を明示するかどうかにかかわらず、必ず目的格人称代名詞を必要とします（☞〈構造による種類〉自動詞文）。

　一方、動詞の後ろに位置する名詞が直接目的語の場合には、重複できません。

　　　× <u>Lo</u> necesito <u>a Marcos</u>.　（Cf. ○ <u>Lo</u> necesito.）

　⑤ ○ Necesito <u>a Marcos</u>.　私はマルコスが必要だ。

次に、動詞の後ろに位置するのが人称代名詞の場合です。すでに見たように、〈a＋前置詞格人称代名詞〉は単独では動詞と結び付くことはできず、目的格人称代名詞が用いられます（☞〈格〉前置詞格）。この目的格人称代名詞と〈a＋前置詞格人称代名詞〉が重複して現れるのは、特に3人称で指示対象を明示したい場合（⑥）や強調したい場合（⑦）、または対比的な文脈（⑧）においてです。

　　⑥ **Pregúntale a ella** si quiere venir.　彼女に来たいかどうか訊いて。

　　⑦ **¿Me** lo dices **a mí?**　よりによって私にそれを言うの？

　　⑧ **Se lo di a él** y no **a ti.**　彼にそれをあげたのよ、君にじゃなくて。

　続いて、動詞の前（通常は文頭）に位置する場合について見ましょう。普通は動詞の後に位置する目的語が文頭に来るのは、文の話題としてそれを提示する場合です。つまり、動詞の直接目的語や間接目的語である要素が話題としてまず示され、それについて何かを述べるという文になります。この場合には、名詞と人称代名詞の違いはなく、必ず目的格人称代名詞との重複が起こります。

　　⑨ **Ese libro lo** tengo.（× Ese libro tengo.）　その本なら持ってます。

　　　Cf. **Tengo ese libro.**　その本を持ってます。

　　⑩ **A ellos les** mandaremos un e-mail.（× A ellos mandaremos un e-mail.）
　　　彼らにはEメールを送ろう。

　　　Cf. **Les** mandaremos (**a ellos**) un e-mail.　彼らにEメールを送ろう。

　また、文頭に位置する場合でも、話題として提示されているのではないことがあります。発話における新しい情報を表す要素も文頭に置かれることがあるからです。この場合には、その要素を他の可能性と対比して強調するような効果があり、目的格人称代名詞との重複は起こりません。

　　⑪ **Eso** hizo Gonzalo.　それをゴンサロはやった。［強調］

　　⑫ **Eso lo** hizo Gonzalo.　それはゴンサロがやった。［話題］

⑪の例文は、ゴンサロが（他のことではなく）それをしたということを示したい文脈、⑫は、それを誰がしたのかを示したい文脈に適当な文です（☞〈情報的基準〉）。

3 動詞

〈法・時制・アスペクト〉

法 1（スペイン語の法）

　話し手が何かを述べるとき、その内容についてさまざまな態度を取ります。たとえば、「試合に勝った」という事柄について、事実としてそのまま伝えることもあれば、「もし試合に勝ったら」と仮定的に示すこともあります。あるいは推測を加えて「きっと試合に勝つだろう」などと表現することもできます。この話し手の態度が言語表現に表れたものをモダリティー（modalidad）と言います。モダリティーは、さまざまな手段で表され、たとえば querer（願望）、deber（義務）、poder（可能性）などの助動詞や、quizá や probablemente などの副詞を用いる方法があります。そして、モダリティーが動詞の形態に反映される場合を特に法（modo）と呼んで区別します。

　一般的にはスペイン語には、直説法（modo indicativo）、接続法（modo subjuntivo）、命令法（modo imperativo）の 3 つの法があるとされており、本書でもその立場を取りますが、後で見る直説法未来、直説法未来完了、直説法過去未来、直説法過去未来完了を推定法や条件法という別の法にまとめる考え方もあります。

　直説法は、ある事柄についてそれを事実と認めてそのまま述べる時に用いられる法です。一方、接続法は、ある事柄について、事実かどうかの判断には立ち入らず、あくまでも想定上のこととして述べる時に用いられます。

　① **Olga me <u>entiende</u>.** ［直説法］

　　オルガは私のことを分かってくれる。

　② **<u>Creo</u> que Olga me <u>entiende</u>.** ［直説法＋直説法］

　　オルガは私のことを分かってくれると思う。

　③ **<u>Espero</u> que Olga me <u>entienda</u>.** ［直説法＋接続法］

　　オルガが私のことを分かってくれると期待している。

④ **Me alegro de que Olga <u>esté</u> aquí con nosotros.** ［直説法＋接続法］
オルガがここに私たちと一緒にいてくれてうれしい。

いずれの例でも、主節の動詞は直説法になっています（entiende, creo, espero, me alegro）。つまり、「分かってくれる」「思っている」「期待している」「うれしい」という事柄をそのまま事実として述べているわけです。一方、従属節を持つ②③④では、その節内の動詞が直説法と接続法になっています。②では「オルガが私のことを分かってくれる」という事柄を事実として積極的に認定する（＝「思う」）文なので、節内が直説法になっています。それに対して、③では「オルガが私のことを分かってくれる」かどうかは分からず想定上の事柄なので、接続法が用いられます。④では、「オルガがここに私たちといる」ことは事実ですが、これはそれを特に事実として認定している文ではなく、「うれしい」という感情を引き起こしているあくまでも頭の中にある想定として示しています。同様に、以下の⑤では、従属節の内容「彼女の母親である」は明らかに事実ですが、やはりそのことを主張するのが目的ではなく、主節の内容の前提となる想定として表しています。

⑤ **El hecho de que <u>sea</u> su madre no le da derecho a decidir su futuro.**
母親だからといって彼女の将来を決める権利はない。

最後に、命令法は、聞き手が何かをするように、またはしないように指示する命令文で使われます。ただし、この法の専用の動詞の形態は、意味上も文法上も2人称である tú と vosotros の肯定命令に限られ（⑥）、その他の人称（usted, ustedes, nosotros）に対する命令形には、接続法の活用（⑦）が用いられます（☞〈内容による種類〉命令文）。

⑥ **{<u>Haz</u> / <u>Haced</u>} algo.** ［tú/vosotros 命令法］

⑦ **{<u>Haga</u> / <u>Hagan</u> / <u>Hagamos</u>} algo.** ［usted/ustedes/nosotros 接続法］
何かしてください（何かしましょう）。

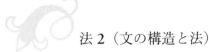

法 2（文の構造と法）

　命令文と願望や疑惑を表す文を除き、単文および複文の主節には直説法が用いられます（☞〈文の要素と構造〉）。

　　① **Me tocó la lotería.** ［単文・平叙文］　宝くじが当たった。

　　② **¿Cuándo vas a llegar?** ［単文・疑問文］　いつ着くの？

　　③ **¡Qué bien conduces!** ［単文・感嘆文］　運転うまいね！

　　④ **Carlos dice que le tocó la lotería.** ［複文の主節］
　　　　カルロスは宝くじが当たったと言っている。

　命令文ではすでに述べたように命令法と接続法が用いられます。

　　⑤ **{Venid / Vengan} conmigo.** ［vosotros 命令法／ ustedes 接続法］
　　　　私と一緒に来てください。

　願望を表す文では接続法が、疑惑を表す文では直説法と接続法が用いられます（☞〈願望・疑惑の表現〉）。

　　⑥ **¡Ojalá eso sea verdad!** ［願望・接続法］　それが本当だったらなあ。

　　⑦ **Tal vez {estoy / esté} equivocado.** ［疑惑・直説法／接続法］
　　　　私は間違っているのかもしれない。

　複文の従属節には、直説法と接続法の両方が現れます。条件によってどちらも可能な場合と、どちらかのみが可能な場合とがあります。品詞で挙げると、動詞、名詞、形容詞、副詞、前置詞が法を決定する要素としてはたらきます。また、これを概念の点から分類すると、直説法と結び付くのは、断定、伝達、認識、確実、特定などで、接続法と結び付くのは、疑惑、否定、不特定、願望、命令、感情、価値判断などです。

　　⑧ **Guillermo sabe que Sofía es mi mujer.** ［動詞・認識・直説法］
　　　　ギジェルモはソフィアが私の妻だと知っている。

　　⑨ **Es una lástima que no puedas participar.** ［名詞・感情・接続法］
　　　　君が参加できないのは残念だ。

　　⑩ **Estoy segura de que lo hizo Pablo.** ［形容詞・断定・直説法］
　　　　私はパブロがそれをしたと確信している。

　　⑪ **Me parece bien que aprendas piano.** ［副詞・価値判断・接続法］

君がピアノを習うのはいいと思う。

　関係詞節内の動詞の法は、先行詞が特定か不特定（否定を含む）かで決まります（☞〈関係詞を含む文〉関係詞と用法）。

　⑫ **Necesito un empleado que sepa chino.** ［不特定・接続法］
中国語のできる従業員が必要だ。

　⑬ **No tenemos ningún empleado que sepa chino.** ［否定・接続法］
私たちのところには中国語のできる従業員がいない。

　⑭ **Tenemos un empleado que sabe chino.** ［特定・直説法］
私たちのところには中国語のできる従業員がいる。

　⑫と⑬の例では、どの従業員かが不特定であるか、または存在しない（＝否定）ので接続法、⑭の例ではどの従業員かが分かっているので直説法となります。⑫⑭ではどちらも不定冠詞が用いられていますが、ここでいう「特定」「不特定」の概念（especificidad）は、定冠詞、不定冠詞のものとは異なるので注意が必要です。定冠詞、不定冠詞の使い分けには、話し手と聞き手がともに了解済みかどうか（定性 definitud）が関係していますが、ここでの「特定」「不特定」は、対象が話し手にとって特定されているかどうかです（☞〈冠詞〉）。

　目的、条件、譲歩、時などを表す副詞節においても、両方の法が用いられます（☞〈目的の表現〉〈条件の表現〉〈譲歩の表現〉）。ここでは時の場合を見ておきましょう。時を表す副詞句は、それを導くのが antes de que の場合には常に接続法、その他の場合（cuando, en cuanto, hasta que, después de que, etc.）には、基準となる時間より後に起こる事柄を表す場合は接続法、すでに起こった事柄やいつも起こる事柄を表す場合は直説法です。

　⑮ **Tuve que llegar a casa antes de que volvieran mis padres.**
私は両親が帰ってくる前に家に着かなければならなかった。

　⑯ **Avísame en cuanto te den el resultado.** ［これから・接続法］
結果が分かったらすぐに知らせて。

　⑰ **Ramiro siempre se prepara un café en cuanto llega a la oficina.**
［習慣・直説法］
ラミロはいつもオフィスに着くとすぐにコーヒーを入れる。

時制 1（直説法の時制体系、絶対時制）

　発話においてどのように時間をとらえるかが時制（tiempo verbal）という概念で、動詞の形態で表されます。発話が行われる時点（発話時）とそれを含む時間帯を「現在」、発話時より後を「未来」、発話時より前を「過去」というふうに区切ってとらえます。スペイン語の時制体系は、この区別に加え、基準時が発話時かどうか、基準時までに出来事が完了しているかどうか、出来事を終結しているととらえるかどうか（☞〈法・時制・アスペクト〉アスペクト）が関わってできています。なお、「未来」という時制を設けない考え方もありますが、本書では従来の分類を採用します。

　動詞の形態は、動詞 1 つの活用だけでできている単純形（hablo, hablé, etc.）と、〈haber ＋過去分詞〉でできている複合形（he hablado, había hablado, etc.）とで区別されます。複合形では、動詞が表す内容が基準となる時点で完了していることが示されます。そのため、複合形は完了形と呼ばれることもあります。

　では、直説法の体系から見ていきましょう（☞〈法・時制・アスペクト〉法 1）。それぞれに対応する活用形を hablar を例に一緒に示します。「現在」と「未来」の時制に対応するのはそれぞれ「現在（presente）」（hablo）と「未来（futuro/futuro simple）」（hablaré）で、「過去」の時制には「点過去（pretérito indefinido/pretérito perfecto simple/pretérito）」（hablé）、「線過去（pretérito imperfecto/copretérito）」（hablaba）、「過去未来（condicional simple/pospretérito）」（hablaría）の 3 つが対応しています。

　直説法では、これら 5 つの単純形のすべてに複合形で表される時制が対応しており、「現在完了（pretérito perfecto compuesto/antepresente）」（he hablado）、「未来完了（futuro compuesto/antefuturo）」（habré hablado）、「点過去完了（pretérito anterior/antepretérito）」（hube hablado）、「線過去完了（pretérito pluscuamperfecto/antecopretérito）」（había hablado）、「過去未来完了（condicional compuesto/antepospretérito）」（habría hablado）があります。「点過去完了」は伝統的に「直前過去完了」と呼ばれています

が、現代のスペイン語ではほとんど使われず、その代わりに「点過去」や「線過去完了」が用いられます。なお、「線過去完了」は単に「過去完了」と呼ばれる慣習なので、本書でも今後はその名称を用います。

　以上の直説法の時制のうち、「現在」「点過去」「未来」「現在完了」は、発話時が基準となる絶対時制です。「現在」と「未来」は、それぞれ発話時と同時かそれ以降の事柄を、「点過去」は発話時より前の終結した事柄を、「現在完了」は発話時より前に起こり現在につながりが感じられる事柄を表します。

　「現在完了」と「点過去」はどちらも発話時よりも以前の出来事を指しますが、「現在完了」が現在との時間的・心理的つながりを持つのに対し（時制の分類上は「現在」のカテゴリー）、「点過去」は現在とは切り離された過去の終結した出来事として示します。したがって、以前行った出来事が経験と認識されている場合や、現在から少し前に起こった事柄は、「現在完了」で表されることになります。以下の①は、現在を含む時間帯である「今日」のことなので「現在完了」が、②は現在とは別の日である「昨日」のことなので「点過去」が使用されている例です。

　　①<u>He visto</u> a Raquel hoy.　今日ラケルに会った。

　　②<u>Vi</u> a Raquel ayer.　昨日ラケルに会った。

なお、スペインの北西部やカナリア諸島、中南米の大部分では、①のような場合にも「点過去」が用いられます（☞スペイン語の地域差）。

　また、「現在完了」は発話時以前から現在まで継続している事柄を表すこともできます。ただし、以下の③の例のように「現在完了」を用いた場合、「10年間」で区切りをつける表現となり、今後はどうなのかが不明です。したがって、現在も継続中であることをはっきりと示すには④のように「現在」を用います。

　　③<u>Hemos vivido</u> juntos diez años.

　　　私たちは10年間一緒に暮らしてきました。

　　④<u>Vivimos</u> juntos desde hace diez años.

　　　私たちは10年前から一緒に暮らしています。

時制 2（相対時制）

　ここまで見てきた発話時が基準となる絶対時制に対し、その他の時制は相対時制で、発話時以外の時点が基準となります。たとえば、過去のなんらかの時点と同時の事柄を指すのが「線過去」で、その時点よりも前の事柄であれば「過去完了」が、それよりも後のことであれば「過去未来」が用いられます。この 3 つの時制は、「現在」「過去」「未来」の関係が、そのまま過去にずれたものとなっていて、「線過去」は過去における「現在」、「過去完了」は過去における「過去」、「過去未来」は過去における「未来」を表すととらえられます。

　① Merche me dijo que <u>era</u> actriz.　［線過去］

　② Merche me dijo que <u>había sido</u> actriz.　［過去完了］

　③ Merche me dijo que <u>sería</u> actriz.　［過去未来］

これらの例で、基準時となっているのはいずれも dijo で表される「メルチェが私に言った」時点です。線過去の①は「メルチェは俳優だと私に言った」のように、「私に言った時」と「俳優である」時が同時です。②は過去完了が用いられているので、「私に言った時」よりも「俳優だった」のが前のこととなり、「メルチェは俳優だったことがあると私に言った」や「メルチェは以前俳優だったと私に言った」のような状況です。また、過去未来の③は「私に言った時」よりも「俳優である」のが後のことなので、「メルチェは私に俳優になると言った」という意味になります。なお、「過去未来」では、発話時においてその行為が実現したかどうかは示されないので、文脈がなければ、発話時において実際に俳優になっているのかどうかは不明です。

　「未来完了」は、発話時より後のある時点が基準となり、それまでに完了している事柄を、「過去未来完了」では過去から見て後（＝過去未来）のある時点までに完了している事柄を示します。

　④ Creo que <u>habremos avanzado</u> bastante para finales de julio.
　　［未来完了］

　　7 月の終わりまでにはかなり前進しているだろうと思う。

⑤ **Creía que <u>habríamos avanzado</u> bastante para finales de julio.**

［過去未来完了］

　7 月の終わりまでにはかなり前進しているだろうと思っていた。

未来完了の④では、基準時である 7 月末は発話時より後、つまり未来の
ある時点で、その時までに「われわれがかなり前進する」ことが完了して
いるという事態を表します。一方、過去未来完了の⑤では、「思っていた」
過去の時点から見て 7 月末は後で、かつその頃までに「われわれがかなり
前進する」ことが完了しているという状況が示されています。なお、この
7 月末が発話時よりも後か前かはこの文だけからは不明で、発話がたとえ
ば 8 月になされ、7 月末が過去のことである可能性と、たとえば今が 7 月
初旬で未来である 7 月末のことについて述べている可能性があります。

時制 3（推量・非現実を表す時制体系）

前の2つの節では、時間と時制の対応関係の基本を見ました。ここでは、直説法の時制が、実際に表す時間とずれる用法を扱います。

動詞が示す事柄についての推量を動詞の活用で表すことができます。「未来形」と「未来完了形」は発話時以降の事柄、つまりまだ実現していない事柄を指すので、そもそも推量の意味が含まれることが普通です。①では未来（＝明日）の事柄、②では未来完了（＝今度の土曜日の時点までの完了）の事柄について推量しています。

① **Mañana no <u>vendrá</u> Pedro.**

　　明日ペドロは来ないだろう。

② **Para el próximo sábado me <u>habrán devuelto</u> el dinero.**

　　今度の土曜日までには私はお金を返してもらっているだろう。

一方、現在起こっていたり現在より前に起こったりした事柄についての推量を表す場合には、実際の時間より1つ後の時制の活用を使います。つまり、「現在」の事柄についての推量は「未来形」、「現在完了」の事柄についての推量は「未来完了形」、「過去」の事柄についての推量は「過去未来形」、「過去完了」の事柄についての推量は「過去未来完了形」で表します。

③ **Sonia <u>tendrá</u> treinta años.** ［未来形・現在の推量］

　　ソニアは30歳だろう。　Cf. Sonia <u>tiene</u> treinta años.

④ **Sonia <u>tendría</u> treinta años.** ［過去未来形・過去の推量］

　　ソニアは30歳だっただろう。　Cf. Sonia <u>tenía</u> treinta años.

⑤ **David <u>habrá vuelto</u> a casa.** ［未来完了形・現在完了の推量］

　　ダビは家にもう戻っているだろう。　Cf. David <u>ha vuelto</u> a casa.

⑥ **David <u>habría vuelto</u> a casa.** ［過去未来完了形・過去完了の推量］

　　ダビは家にもう戻っていただろう。　Cf. David <u>había vuelto</u> a casa.

非現実的な事柄を表すときにも、時間と時制が一致しない体系になっています。非現実的な条件のもとでの帰結節で表される内容が、発話時か発話時以降に言及している場合は「過去未来形」が、「発話時以前」に言及していれば「過去未来完了形」で表されます（☞〈条件の表現〉非現実的

条件文、〈譲歩の表現〉非現実的譲歩文、〈願望・疑惑の表現〉)。

⑦ <u>Iría</u> con mucho gusto.

　喜んで行くのになあ。

⑧ <u>Habría ido</u> con mucho gusto.

　喜んで行ったのになあ。

⑦の「過去未来形」の例文の場合には、「実際には行けないのだが行ける
としたら」という現在や未来の事実に反する条件、⑧の「過去未来完了形」
のほうでは、「実際には行けなかったのだがもし行けていたら」という過
去の事実に反する条件のもとでの文となります。

　また、同じように実際の時間とは異なる時制を用いて、婉曲的な表現を
作ることもできます。「現在」や「未来」の事柄で、特に話し手の願望を
述べたり、聞き手に依頼や助言をしたりするときに、時間をずらした「過
去未来形」（⑨）や「線過去形」を用いると（⑩）、ストレートさを消した
表現になります。

⑨ <u>Deberías</u> estar en cama si tienes fiebre.

　熱があるんなら寝てるべきじゃないかな。

⑩ <u>Quería</u> hacerle una pregunta.

　ひとつお尋ねしたいんですが。

現在の助言と願望ですが、それを現在形で示した場合（<u>Debes</u> estar en
cama si tienes fiebre. / <u>Quiero</u> hacerle una pregunta.）よりも婉曲的になり、
したがって丁寧さが伝わります。

時制 4（接続法の時制体系）

この節では接続法の時制体系を確認しましょう（☞〈法・時制・アスペクト〉法1）。接続法の時制体系は直説法のものよりもシンプルです。直説法では区別される「現在」と「未来」に、接続法では1つの時制「現在（presente）」（hable）が対応し、同様に、「点過去」「線過去」「過去未来」にやはり1つの「過去（pretérito imperfecto/pretérito）」（hablara/hablase）が対応します。直説法の「現在完了」と「未来完了」は接続法では「現在完了（pretérito perfecto compuesto/antepresente）」（haya hablado）が、「過去完了」と「過去未来完了」は「過去完了（pretérito pluscuamperfecto/antecopretérito）」（hubiera/hubiese hablado）がカバーしています。つまり接続法では、単純形では「現在」と「過去」が、複合形では「現在完了」と「過去完了」のみがあることになります。

① **Es probable que Diana no venga {hoy / mañana}.** ［現在／未来］

ディアナは {今日／明日} 来ないかもしれない。

② **Es probable que el paquete no haya llegado {todavía / para mañana}.** ［現在完了／未来完了］

荷物は {まだ届いていない／明日の時点でまだ届いていない} かもしれない。

③ **Fue una alegría que {estuvieras contento / te hubieran invitado}.**
［線過去／過去完了］

君が {満足していた／招待してもらっていた} のは喜びだった。

なお、接続法には「未来（futuro simple）」（hablare）と「未来完了（futuro compuesto）」（hubiere hablado）もありますが、現代スペイン語ではことわざなど決まった表現や法律文に使用が限られています。

接続法にも実際の時間とは異なった時制の使い方をする場合があります。非現実的な条件や願望を述べる場合で、実際の時間より1つ前の時制を用います。発話時か発話時以降の事実に反する場合は「過去形」（④⑥）が、発話時以前の事実に反する場合は「過去完了形」（⑤⑦）が用いられます（☞〈条件の表現〉非現実的条件文、〈譲歩の表現〉非現実的譲歩文、〈願望・疑惑の表現〉）。

④ Si no <u>hiciera</u> mucho frío... ［現在］

　　もし今それほど寒くなければ……

⑤ Si no <u>hubiera hecho</u> tanto frío... ［過去］

　　もしあの時それほど寒くなければ……

⑥ ¡Ojalá hoy <u>fuera</u> viernes! ［現在］

　　今日が金曜日だったらなあ！

⑦ ¡Ojalá <u>hubiera sido</u> viernes! ［過去］

　　あの日が金曜日だったらなあ！

　最後に、2種類の過去形、-ra 形と -se 形について見ておきましょう。語源的に異なる来歴をもつ接続法過去を表すこの2つの形式は（☞スペイン語の歴史）、原則的には交換可能ですが、イスパノアメリカでは圧倒的に -ra 形が用いられることが多く、-se 形の使用は文語にほぼ限られると言われています。スペインでも -ra 形が優勢で、-se 形の使用は、文体的理由や個人の好みによるとされています。ただし、-ra 形のみが可能な場合もあります。querer, poder, deber といった助動詞が独立文で婉曲表現として用いられるとき（⑧）です。

⑧ <u>Quisiera</u> brindar por su salud.

　　あなたの健康を祈って乾杯したいのですが。

　また、主に書き言葉において、従属節内で -ra 形が直説法過去完了という語源的な用法で用いられることがあります。⑨の se muriera は se había muerto と同じです。さらに、直説法点過去の代わりに使われることもあります（⑩ ＝ fue）。

⑨ Después de que <u>se muriera</u> su padre, dejó la casa y no volvió.

　　父親が亡くなった後、彼女は家を出て戻ることはなかった。

⑩ La capilla que <u>fuera</u> restaurada el verano pasado se abrirá al público mañana.

　　去年の夏に修復された礼拝堂が明日一般公開される。

アスペクト（相）

アスペクト（aspecto 相）とは動詞が表す行為や状態が持つ時間的な性質です。ここで言う時間は、前節までで見た時制とは別のもので、動詞が開始や終結、反復、継続といった時間的な性質を持っていることを指しています。

アスペクトには、文法上示されるものと語彙的に本来備わっているものがあります。**文法アスペクト**（aspecto gramatical）は、スペイン語の時制体系と密接に関連しています。たとえば、直説法点過去とすべての複合形の時制は、すでに終わった行為や出来事を表すので、完了アスペクト（aspecto perfectivo）を持ち、一方、その他の時制は、行為や出来事の開始点や終了時点ではなくその間に注目して示すので、未完了アスペクト（aspecto imperfectivo）を持っていると考えられています。

① **Estuve** ocupada toda la semana.　私は1週間ずっと忙しかった。

② El asiento **está** ocupado.　その席はふさがっている。

①の例では、「1週間ずっと忙しかった」という出来事が終わっていることが示されますが、②の例では、いつその席が埋まりいつ空くのかには言及せず、今ふさがっているという状態だけを表しています。

このアスペクトの違いは、点過去と線過去にも反映されています。両方とも過去に属する時制ですが、完了アスペクトを持つ点過去と未完了アスペクトを持つ線過去という性質の違いから、以下のような違いが説明されます。

③ Miguel **vivió** cinco años en Nueva York.
　ミゲルはニューヨークに5年住んだ。

④ Miguel **vivía** en Nueva York cuando **nació** su hija.
　ミゲルは娘が生まれたときニューヨークに住んでいた。

「生まれる」という動詞は、生まれた時点で自然に終わる行為を表すので、完了アスペクトを持つ点過去で表されています。一方「住む」のほうは、③では、「ニューヨークに5年間住む」という出来事は終わっているため、やはり完了アスペクトの点過去で表されています。このように、長く続いたことでも全体として終わったこととしてとらえるときには点過去が用いられます。「点」という名称には、瞬間的に終わることだけで

はなく、出来事全体を1つの点ととらえるという見方も含まれています。では、④の「住む」はどうでしょうか。これは「娘が生まれたとき」に「ニューヨークに住んでいた」という状況を表す文で、いつからいつまで住んでいたかは問題になりません。たとえ5年間住んですでにニューヨークを離れたとしても、この文では、その住んでいた間の期間に言及しています。したがって、未完了アスペクトを持つ線過去で表されます。

次に、語彙そのものが本来持つアスペクト、語彙アスペクト（aspecto léxico）について見てみましょう。まず、大きく分けて、時間的な完結性を持つ完結アスペクト（aspecto télico/delimitado）とそうでない非完結アスペクト（aspecto atélico/no delimitado）があります。前者の完結アスペクトを持つ動詞には、nacer（生まれる）や destruir（破壊する）などが、後者の非完結アスペクトを持つものには、saber（知っている）や vivir（住む）などがあります。完結アスペクトを持つものは、完結点にいたる過程があるか（escribir una carta 1通の手紙を書く）ないか（encontrar 見つける）で区別され、非完結アスペクトを持つものは、活動を表す（nadar 泳ぐ）のか状態を表す（querer 愛する）のかで区別されます。こういった性質は、文法上重要な役割を果たしており、たとえば〈ser ＋過去分詞〉の受動文における制約として表れたりします（☞〈受動の表現〉ser 受身と se 受身）。

語彙アスペクトは、すでに見た文法アスペクトと密接な関係にあります。たとえば、完結アスペクトの動詞 llegar を使った

⑤ **Elena {llegó / llegaba} tarde.**

という文では、点過去の場合には、「エレナは遅れて着いた」という1回限りの事柄を意味します。一方、未完了アスペクトの線過去で用いられる場合、1回ごとに完結した事柄が繰り返し行われたこと、つまり「エレナはいつも遅刻したものだ」といった意味になります。未完結アスペクトの動詞句 pasear por la playa の⑥の例を見ると、

⑥ **Belén {paseó/ paseaba} por la playa.**

点過去では「ベレンはビーチを散歩した」という1回の完結した行為を表しますが、線過去では、たとえば「私が見かけた時」という状況で「ベレンはビーチを散歩していた」という意味になります。

〈動詞の非人称形〉

不 定 詞

　人称を示さない動詞の形が非人称形で、不定詞、現在分詞、過去分詞があります。その機能から、不定詞は動詞の名詞形、現在分詞は副詞形、過去分詞は形容詞形と考えることができます。

　不定詞（infinitivo）は、動詞の活用していない形です。単純形と複合形があり、複合形は〈haber ＋過去分詞〉という形をとります。単純形は基準となっている時間と同時か後を、複合形はその時点までに完了していることを示します。①の例では、単純形を用いたほうは、基準となっている「うれしい」の表す時間から見て「参加できる」のが同時かその後、複合形のほうでは、「参加できた」のは「うれしい」時点ではすでに完了していることが示されます。

① Me alegro de {poder / haber podido} participar.
　　参加 {できること／できたこと} がうれしい。

　不定詞は名詞として用いられ、文の主語や目的語、補語などとしてはたらきます。冠詞や形容詞が付いたり、複数形になるものもありますが、その場合は男性名詞化していると考えられます（☞〈冠詞〉主語と冠詞）。

② Hablar con la boca llena está mal visto.　［主語］
　　口をいっぱいにして話すのは行儀が悪い。

③ Intentaré llegar cuanto antes.　［目的語］
　　できるだけ早く着くようにします。

④ Lo que podemos hacer ahora es esperar.　［補語］
　　今できることは待つことだ。

⑤ Estamos pensando en irnos de viaje.　［補完補語］
　　私たちは旅行に行こうかと思っています。

⑥ Se veía el precioso amanecer desde la cima.　［男性名詞］
　　頂上からすばらしい夜明けが見えていた。

　不定詞は文中では名詞として機能しますが、動詞としての性質も保持し

ているため、それ自身が目的語や状況補語を持ったり（⑦）、ser 受身の形になったりします（⑧）。目的格人称代名詞を取る場合には、不定詞の語尾に付きます（☞〈位置と重複表現〉位置と語順）。

⑦ **Quiero comprarme un par de zapatos nuevos en esa tienda.**
その店で新しい靴を1足買いたい。

⑧ **Sergio puede ser eliminado del concurso.**
セルヒオはそのコンテストから除外されるかもしれない。

「〜する（した）時」という意味の〈al ＋不定詞〉、もしくはその他の副詞句や前置詞句（después de, antes de, en el momento de, etc.）において、不定詞が独自の主語を取ることがあり、その場合には不定詞の後に置かれます。

⑨ **Nuestro perro siempre ladra al sonar el timbre.**
うちの犬はベルがなるといつも吠える。

不定詞は、2人称複数 vosotros に対しての命令形の代わりによく用いられます（☞〈内容による種類〉命令文）。また、〈a ＋不定詞〉で号令的な命令を表せます。

⑩ **Levantaros ahora mismo.** 今すぐ起きなさい。

⑪ **A limpiar.** さあ掃除しなさい／さあ掃除をしよう。

掲示や注意書きにも不定詞はよく用いられます。

⑫ **Beber con moderación.** お酒は適量を守りましょう。

〈疑問詞／si ／関係詞＋不定詞〉は「〜すべき…」という意味で名詞として文の要素となります。主動詞の主語と不定詞の主語は同じです。〈疑問詞／si ＋不定詞〉は一種の間接疑問文と見なせます。

⑬ **No sé si decirle la verdad.**
彼女に本当のことを言うべきかどうか分からない。

〈関係詞＋不定詞〉の場合には、先行詞がある場合もない場合もあります。

⑭ **Hay muchos libros que leer.** 読むべき本がいっぱいある。

⑮ **No tengo adonde ir.** 私には行く場所がない。

また、不定詞は ver, oír といった知覚を表す動詞、hacer, dejar といった使役・放任を表す動詞と一緒にも用いられます（☞〈知覚の表現〉〈使役・放任の表現〉）。

現在分詞

現在分詞（gerundio）は動詞の副詞形と考えることができます。文の主動詞を修飾し、主動詞の表す内容がどのように行われるかという「様態」の意味を添えます。動詞としての性質も保持しているので、それ自身が目的語や状況補語を持つことがあります。時間的には、主動詞で示されるものと「同時」です。

① Suelo conducir <u>escuchando</u> la radio.
　　いつもラジオを聴きながら運転します。

現在分詞が目的格人称代名詞を取る場合には、現在分詞の語尾に付きます（☞〈位置と重複表現〉位置と語順）。

② Jorge entró por la puerta <u>mirándome</u> fijamente.
　　ホルヘは私をじっと見つめながらドアから入ってきた。

現在分詞は、動詞 estar と結び付いて「進行形」を作り、ある行為や動作が進行中であるという状態を表します。estar の時制により、「現在進行形」「現在完了進行形」「点過去進行形」「線過去進行形」「未来進行形」などがあり、それぞれの時制における進行状態を表します。

③ ¿<u>Qué está haciendo</u> Juan? —<u>Estará estudiando</u> en su cuarto.
　　フアンは何してる？ ──自分の部屋で勉強してるでしょう。

④ <u>He estado leyendo</u> una novela italiana.
　　最近ずっとイタリアのある小説を読んでいました。

③の答えの文の未来進行形は「現在進行形＋推量」の用法です（☞〈法・時制・アスペクト〉時制3）。

点過去進行形と線過去進行形の違いは、点過去と線過去の使い分けそのままです。

⑤ Julio {<u>estuvo</u> / <u>estaba</u>} <u>trabajando</u> en una agencia de viajes.
　　フリオは旅行代理店で働いていた。

働いていたことを完結した一続きの出来事（たとえば「2年間働いていた」）として表すなら点過去、他の過去の事柄（たとえば「私が知り合ったとき」）が想定されているなら線過去が用いられます。進行形ではない

trabajó, trabajaba とするよりも継続性が強く示されます。

また、「継続」「移動」を表す seguir, continuar, ir, venir, andar といった動詞とも結び付きます。

⑥ **Te vengo avisando desde hace mucho tiempo.**
　ずいぶん前から君に知らせてきてるよね。

⑦ **El proyecto va tomando una forma muy interesante.**
　プロジェクトはとても興味深い形になりつつある。

これらの場合には、estar や venir などの動詞は現在分詞と合わさって、意味的かつ構造的に１つの単位をなしています。現在分詞が目的格人称代名詞を持つ時には、⑧に示したように現在分詞の語尾に付く以外に、その単位の前に来ることも可能です（☞〈位置と重複表現〉位置と語順）。

⑧ **José María sigue queriéndola. / José María la sigue queriendo.**
　ホセマリアは彼女のことをまだ愛している。

英語の現在分詞とは異なり（*a burning car* 燃えている車、*a man playing the piano* ピアノを弾いている男性）、スペイン語では現在分詞が形容詞的に用いられる用法は避けるべきであるとされています。ただし、⑨のように写真や絵画などのキャプションでの使用は定着しています。

⑨ **Inmigrantes esperando su turno**　順番を待つ移民たち

聞き手がある行為を行うことを指示する現在分詞の用法もあります。すでに行われているべきであるというとらえ方の表現で、状況によっては高圧的な響きになります。

⑩ **¡Venga, andando!**　さあ、動きなさい！

現在分詞は ver, oír といった知覚を表す動詞や放任を表す動詞 dejar と一緒にも用いられます（☞〈知覚の表現〉〈使役・放任の表現〉）。

また、ここまでの例で見てきた単純形の他に、〈habiendo ＋過去分詞〉という複合形もあります。複合形は、基準となる時間よりも前に完了していることを示し、単純形とともに現在分詞構文で用いられます（☞〈分詞構文〉）。

過去分詞

　過去分詞（participio）は、不定詞、現在分詞とともに動詞の非人称形です。不定詞、現在分詞とは異なり、動詞 haber と結び付く複合形を持たず、目的格人称代名詞を語尾に付けることもできません。

　過去分詞には大きく分けて、動詞の形容詞形、時制を表す動詞活用の一部、受動文の一部（☞〈受動の表現〉ser 受身と se 受身）の 3 つのはたらきがあります。動詞 haber と結び付き「現在完了」などの複合時制を作るときには性数変化をしませんが（☞〈法・時制・アスペクト〉時制 1）、その他の用法では性数変化をします。

　動詞の形容詞形として用いられる場合は、通常の形容詞と同じように名詞を直接修飾したり、補語となったりします（☞〈文の要素と構造〉補語）。

　① **patatas fritas** フライドポテト、ポテトチップス ［直接修飾］
　② **Los niños están dormidos.** 子供たちは眠っている。 ［主格補語］
　③ **¿Quién dejó abierta la caja?** 誰が箱を開けっぱなしにしたの？
　　［目的格補語］

　過去分詞は完了アスペクトを持っているので、過去分詞となる動詞が表す行為は基準となっている時間には完了していることが示されます（☞〈法・時制・アスペクト〉アスペクト）。①②③の例では、「揚がっている」「眠っている」「開いている」というのは、その前に「揚げる」「寝入る」「開ける」という事柄が完了しているということです。

　さらに、過去分詞になっている動詞が他動詞の場合には、「受動」の意味も持ちます。①の例では、freír は「揚げる」という意味の他動詞ですから、厳密に言うと「揚げられたポテト」です。同様に、③の「開いている」の表現は、「開ける」という他動詞からできているので「開けられた」ということになります。一方、自動詞や再帰動詞の場合には、「受動」の意味はありません。再帰動詞 dormirse「寝入る」が用いられている②では、受動の意味はなく能動です。なお、再帰動詞は過去分詞になると再帰代名詞は伴いません。

　ある動詞が他動詞としても自動詞や再帰動詞としても用いられるような場合には、過去分詞も受動と能動の 2 通りの意味を持つことがありま

す。次の④では、過去分詞 roto の元の動詞は romper ですが、romper で他動詞として「壊す」、再帰動詞 romperse として「壊れる」の2通りがあり、他動詞の過去分詞としては「壊された」、再帰動詞の過去分詞としては「壊れた」の意味になります。

④ la ventana rota　{割られた／割れた} 窓

過去分詞は動詞 ser と結び付き、〈ser ＋過去分詞〉で受動文を作ることができます。スペイン語には se を用いた受動文もあるので、区別するために ser 受身や ser 受動文と呼ばれますが、この構文では、行為を被る他動詞の直接目的語が主語となり、もともとの動作主を表す主語が por... で示されます（☞〈受動の表現〉ser 受身と se 受身）。

⑤ La cueva fue descubierta por un explorador inglés.
　　その洞窟はイギリス人探検家によって発見された。

ところで、ser 受身と紛らわしいものに、〈estar ＋過去分詞〉があります。

⑥ La cena está preparada.　夕食は準備できている。

過去分詞が他動詞の場合（preparar la cena）、受動の意味を持ちますが（夕食が準備される）、〈estar ＋過去分詞〉の構文は、あくまでも結果の状態を表します。「誰かが夕食を準備した」（「夕食が誰かに準備された」）結果、「夕食は準備できている」という状態が生じ、この生じた結果の状態を表すのがこの構文です。結果状態だけを表すので、それを生じさせた過程の動作主を同時に示すことは一般的にできません。

×　La cena está preparada por Luis.

そして、⑥のような構文が表す結果の状態に、その状態が誰（何）にとって存在しているかを示す要素を加えた構文が、⑦に見られるような〈tener ＋過去分詞〉です。

⑦ Tengo la cena preparada.　私は夕食を準備してある。

la cena ＝ preparada であるという状態を、tener の活用により示される主語（上の例文では1人称単数 yo）が持っているということが表されます。行為そのものを表す下の⑧と比較してみましょう。

⑧ He preparado la cena.　私は夕食を準備した。

また、過去分詞は過去分詞構文も作ります（☞〈分詞構文〉）。

第3章：表現と文脈

　この章では、まず1で、受動、使役、知覚、条件、譲歩、願望、疑惑、時間、空間、理由、目的、比較といった内容をスペイン語でどのように表すのかをまとめます。それぞれに関して構文や表現があり、それらを体系的に整理して理解することでスペイン語の表現力、理解力は格段にアップします。ここまでの章ではどちらかというとスペイン語の形式面により注意を向けてきましたが、ここでは意味・表現の側面からスペイン語の文を見ることになります。

　続く2では、語順の決定に関わる原則を整理します。スペイン語は語順が自由だと言われることが多く、確かにたとえば英語のような言語と比較するとそうかもしれません。しかし、実際には好き勝手に並べられるわけではなく、語順を決める一定の要因があります。自然なスペイン語で表現できるかどうかは、場面に応じた語順を使いこなすことができるかどうかで決まると言っても過言ではありません。「正しいスペイン語」から「正しく自然なスペイン語」へとレベルを上げましょう。

　最後に3で、文と文をつないでより大きなまとまりにする方法をいくつか扱います。長い文に遭遇しても構えずに自然な流れで順に読み込んでいけるようになり、コマ切れではなく全体にまとまった文を作ることができるようになるには、関係詞の用法を理解することが欠かせません。また、人が話した内容を別の人に伝えるという場面は日常生活において頻繁にありますが、そのためには話法を転換する原則を知っておく必要があります。さらに、フォーマルなスペイン語にも対応できるためには、分詞構文のしくみを知ることも重要です。

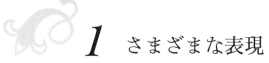

1 さまざまな表現

〈受動の表現〉

受動文と能動文

　「受動」という概念を理解するには、「能動」の概念をまず把握する必要があるでしょう。能動文（oración activa）の場合には、動詞が表す行為を行う側（する側＝動作主 agente）が主語になり、それを受ける側（される側＝被動者 paciente）が直接目的語になります。受動文（oración pasiva）の場合には、それとは逆に、受ける側が主語になります。

　　能動文：**Todo el pueblo quería a la cantante.**

　　　国中がその女性歌手のことを愛していた。

　　受動文：**La cantante era querida por todo el pueblo.**

　　　その女性歌手は国中に愛されていた。

動詞 querer に関して、todo el pueblo が愛する側、la cantante が愛される側です。

　ところで、実際の状況としては、上の 2 文が表しているものは同じです。では、能動文または受動文が用いられるのはそれぞれどういう場合なのでしょうか。普通、文の主語には、その文脈において話題の中心となっている要素が来ます。つまり、上の能動文の場合には、todo el pueblo が話題の中心で、それについて述べられている文です。逆に、受動文のほうでは la cantante が話題として取り上げられています。それが動詞にとって受ける側なので、それを文の主語とする受動文という形を取ることになるのです。

ser 受身と se 受身

　スペイン語には受動を表す構文が 2 種類あります。〈ser ＋動詞の過去分詞〉（ser 受身 pasiva perifrástica）と〈se ＋動詞の 3 人称〉（se 受身 pasiva refleja）です。どちらも、「される側」の要素が主語となり、動詞がそれに一致した活用をするという点で共通しています。

① **La iglesia <u>fue construida</u> en el siglo XVI.** ［ser 受身］

　その教会は 16 世紀に建てられた。

② **En el mundo <u>se hablan</u> muchas lenguas.** ［se 受身］

　世界では多くの言語が話されている。

文の主語になっている la iglesia と muchas lenguas は、それぞれ動詞 construir と hablar にとって「される側」であり、「する側」の要素がこれらの文では明示されていません。

　では、2 つの構文の違いを確認しましょう。一番大きな違いは、ser 受身のほうは「する側」を必要があれば文中に表せるのに対して（左ページの例文の por todo el pueblo のように、por で表します）、se 受身はそれができないことです。すでに見たように、受動文を用いるということは「される側」について何かを述べるということなので、「する側」を明示する必要は必ずしもないことも多いですが、ser 受身では必要があればそれを受動文中に表すことができ、たとえば①の例文は次の③のようになります。

③ **La iglesia <u>fue construida</u> por un arquitecto portugués en el siglo XVI.**

　その教会は 16 世紀にポルトガル人建築家によって建てられた。

　一方、se 受身の文では「する側」を表すことはできません。〈por ＋名詞句〉が文中に見られることもありますが、その場合、動作主を意味しないか、または、法律文など限られた文体です。

　もうひとつの重要な違いは、se 受身はどの時制でも用いられるのに対して、ser 受身のほうは時制の制約を受けるということです。現在完了や点過去などの完了アスペクトを持つ時制とは相性がいい一方、現在や線過去など未完了アスペクトの時制の場合には、過去分詞になれる動詞に制約があり、その意味も状態や習慣の意味に限られるということが観察されています（☞〈法・時制・アスペクト〉アスペクト）。また、文体的にも制約のない se 受身に対して、ser 受身は書き言葉的であるとも言われています。

受動文の主語

se 受身の構文では、主語が動詞の後に置かれることが普通です。「される側」である主語はもともと動詞の直接目的語であり、その場合の標準の位置と同じです。冠詞の有無に関しても直接目的語の場合と同じようになります（☞〈冠詞〉目的語と冠詞）。ただし、主語が特定された名詞の場合（②）には、話題として提示されるため動詞の前に来ることが多くなります（☞〈情報的基準〉）。

　① **Se publican muchos libros cada año.**　毎年多くの本が出版される。

　② **Ese libro se publicó hace dos años.**　その本は2年前に出版された。

また、se 受身では、事物しか主語になれません。たとえば、

　③ **Los compañeros abandonaron a Juan.**　仲間たちはフアンを見捨てた。

を Juan を主語にした se 受身の形にしようとすると、次のようになります。

　④ **Juan se abandonó.**

ただし、この文は「フアンは見捨てられた」という意味にはならず、「フアンは（…に）身を任せた」のように再帰動詞として解釈されます（Juan fue abandonado. と ser 受身にはできます）。そこで、「される側」が人の場合で se 受身と同じようなニュアンスを出すためには、不定人称文（Abandonaron a Juan.）を用います（☞〈構造による種類〉不定人称文）。

受動文の主語になれるのは、スペイン語では動詞の直接目的語のみです（⑤⑥）。この点で間接目的語も受動文の主語になれる英語とは異なります。

　　　　　間接目的語　　直接目的語
英　*George sent Paul　　a birthday card.*

　　ジョージはポールにバースデーカードを送った。

　→ *A birthday card was sent to Paul by George.*

　→ *Paul was sent a birthday card by George.*

　　　　　　　　　　直接目的語　　　　　　　　　　　　間接目的語
西　Jorge (le) mandó una tarjeta de cumpleaños a Pablo.

→⑤△ Una tarjeta de cumpleaños (le) fue mandada a Pablo por Jorge.

→⑥× Pablo fue mandado una tarjeta de cumpleaños por Jorge.

ただし、スペイン語には能動文を好む傾向があるため、⑤のような ser 受身の文は実際にはかなり不自然です（そこで△をつけています）。「される側」の una tarjeta de cumpleaños を生かし、「する側」の Jorge を隠すというのが意図ですから、その場合のもっとも自然なスペイン語の文は、

　　⑦ **(Le) mandaron una tarjeta de cumpleaños a Pablo.**
のように、不定人称文を使ったものです（☞〈構造による種類〉不定人称文）。

se 受身と不定人称

　多くの学習者が疑問を感じる文に次のようなものがあります。

　　⑧ **Se consume mucha carne en este país.**
　　　この国では肉が多く消費される。

この文は、mucha carne が主語の se 受身の文でしょうか、あるいは、mucha carne が直接目的語の不定人称文でしょうか。動詞が他動詞で直接目的語が（〈人〉ではなく）〈もの〉の場合、動詞はそれに数で一致するのが望ましいとされています。したがって、この文は mucha carne が主語の se 受身ということになります。ここでは carne が単数形なので、不定人称文と区別がつきませんが、もしここに複数の名詞が来る場合には、動詞は複数形になるので（Se consumen muchas verduras. 野菜が多く消費される）、そこから判断しても主語ということが確認できます。このような場合に単数形の動詞を用いる例も存在し、地域によっては珍しくないものの、現時点では、上で述べたように動詞を複数形にする受身文を用いたほうが無難だと思われます。

　se 受身と〈se ＋動詞の 3 人称単数形〉の不定人称文は「する側」を隠すという点で共通しており、動詞の種類（自動詞か他動詞か）と、他動詞の場合、その直接目的語の種類（事物か特定の人か）によって使い分けられているということです。そこに〈動詞の 3 人称複数形〉の不定人称文が別の選択肢として存在していると考えることができます。

〈使役・放任の表現〉

　目的語で示されている対象に主語が何かの行為をさせることを表す文を使役構文（construcción causativa）といい、hacer が典型的な動詞です。一方、目的語で表されている対象が何かの行為をすることを主語が許すのが「放任」で、dejar で表されます。どちらの場合も、目的語が行う行為を表す動詞は不定詞で用いられます。つまり、主動詞の目的語が不定詞の意味上の主語です。また、不定詞ではなく、〈que ＋接続法の動詞〉の従属節が使われることもあります。

① El aduanero <u>hizo</u> <u>abrir</u> a Luis la maleta.

／El aduanero <u>hizo</u> que Luis <u>abriera</u> la maleta.

税関職員はルイスにスーツケースを開けさせた。

② <u>Dejo</u> <u>jugar</u> a mi hija al videojuego solo una hora al día.

／<u>Dejo</u> que mi hija <u>juegue</u> al videojuego solo una hora al día.

私は娘に1日1時間だけビデオゲームをさせてやる。

　語順は、〈主動詞（hacer/dejar）＋不定詞＋主動詞の目的語〉となる傾向がありますが、目的語の長さ、不定詞が取る目的語などの要素の有無といった要因によって変化します。

　放任を表す動詞 dejar は不定詞ではなく現在分詞を取ることがあり、すでに進行中の行為をそのまま放っておくという意味になります。この場合には、目的語が現在分詞より先に来る傾向があります。

③ <u>Dejamos</u> al bebé <u>durmiendo</u> en la cuna.

私たちは赤ちゃんをゆりかごで眠らせておいた。

　また、過去分詞と用いられることもあります。この場合には、dejar の目的語がある行為の結果としての状態にあり、その状態に置いておくということが示されます。過去分詞は目的語と性数一致します。

④ <u>Dejé</u> a los niños <u>acostados</u> en la cama.

子供たちをベッドに寝かしてきました。

　hacer と dejar が取る目的語が目的格人称代名詞で表される場合に、直接目的格か間接目的格のどちらが用いられるかは、それが行う行為を表す

不定詞が他動詞なのか自動詞なのか、言いかえれば、不定詞が自身の直接目的語を取るのか取らないのかにより異なります（☞〈格〉目的格1、目的格2）。他動詞で自らの直接目的語を持つ場合には、主動詞である hacer, dejar の目的語は間接目的格人称代名詞で表されるのが普通です。以下の⑤では、破線部が usar の直接目的語です。

⑤ Los padres no le dejan usar su coche.

（← Los padres no dejan a Teresa usar su coche.）

両親は彼女（テレサ）に車を使わせない。

一方、不定詞が自動詞の場合には、⑥のように直接目的格人称代名詞で示されるのが普通です。

⑥ La hicieron estar de pie durante toda la conferencia.

（← Hicieron estar de pie a Teresa durante toda la conferencia.）

彼女（テレサ）は講演会の間中ずっと立たされた。

この目的格人称代名詞は主動詞である hacer, dejar に属するものなので、その直前に位置します。加えて、不定詞が持つ目的語も目的格人称代名詞となる場合には、こちらは不定詞の語尾に付加されます。⑤の例文で見ると、usar の直接目的語である su coche が目的格の lo になり、usar に付きます。

⑦ Los padres no le dejan usarlo.

また、この例文のように、不定詞の直接目的語が事物の場合には、主動詞の間接目的格人称代名詞とともに主動詞の直前に並ぶことも可能です。

⑧ Los padres no se lo dejan usar.

この構文で不定詞として用いられる動詞が再帰動詞の場合、再帰代名詞が現れないことがあります。

⑨ Me hicieron sentar(me) en la primera fila.

私は最前列に座らされた。

〈知覚の表現〉

ver, mirar, contemplar, observar, oír, escuchar, notar, sentir, recordar のように人の知覚を表す動詞を**知覚動詞**（verbo de percepción）と呼びます。動詞の目的語が何かの行為を行うことを動詞の主語が知覚するという構文を不定詞を用いて作ります。

① No **he oído hablar** en inglés a Gloria.

> グロリアが英語で話すのを聞いたことがない。

② **Vi a Dani firmar** un documento en el despacho.

> オフィスでダニがある書類に署名するのを見た。

それぞれ oír と ver の目的語である Gloria と Dani が hablar en inglés と firmar un documento の意味の上での主語となっています。

不定詞ではなく現在分詞が用いられることもあります。不定詞の場合にはその動作全体を指しているのに対し、現在分詞では動作の一部、つまり、動作の一時点を知覚したということが示されます。

③ **Vimos a Iván {cruzar / cruzando}** la calle.

> 私たちはイバンが通りを {横切るの／横切っているところ} を見た。

不定詞の場合には、〈主動詞＋不定詞＋主動詞の目的語〉も〈主動詞＋主動詞の目的語＋不定詞〉も語順として可能ですが、現在分詞の場合には、〈主動詞＋主動詞の目的語＋現在分詞〉が普通です。なお、現在分詞の場合、その意味上の主語が知覚動詞の目的語（目的格補語）なのか主語（主格補語）なのかが曖昧な場合もあります（☞〈文の要素と構造〉補語）。

④ **Vi a Pepa temblando.**

> {ペパが震えているのを／震えながらペパを} 見た。

知覚動詞は過去分詞と用いられることもあります。この場合には、知覚動詞の目的語がある行為の結果としての状態にあることを知覚するということが示されます。過去分詞は目的語と性数一致します。〈主語＋他動詞＋直接目的語＋目的格補語〉の文型の典型的な例です（☞〈構造による種類〉他動詞文）。

⑤ **Noté a Mario deprimido.**　　マリオは落ち込んでいるようだった。

知覚動詞の目的語は直接目的語なので、目的格人称代名詞になる場合、直接目的格人称代名詞を用います（☞〈格〉目的格 1）。

⑥ La vi bajar del coche de Diego.
（← Vi a Sara bajar del coche de Diego.）
彼女（サラ）がディエゴの車から降りるのを見た。

⑦ Las oí cantando la canción de siempre.
（← Oí a mis hermanas cantando la canción de siempre.）
彼女たち（妹たち）がいつもの曲を歌っているのを聞いた。

　ただし、その目的語が行う動作を表す不定詞や現在分詞が他動詞で独自の直接目的語を持つ場合、知覚動詞の目的語が間接目的格人称代名詞で示されることも少なくありません。⑧では破線部分が他動詞 dejar の直接目的語です。

⑧ ¿Le has visto dejar la llave en la mesa?
（← ¿Has visto a Ricardo dejar la llave en la mesa?）
彼（リカルド）が机に鍵を置くのを見たの？

　この目的格人称代名詞は主動詞である知覚動詞のものなので、その直前に位置しますが、不定詞または現在分詞の目的語も目的格人称代名詞となる場合には、こちらは不定詞の語尾に付加されます。⑧の例文で示すと、dejar の直接目的語である la llave が目的格の la になり、dejar に付きます。

⑨ ¿Le has visto dejarla en la mesa?
また、この例文のように、知覚動詞の目的語が間接目的格人称代名詞で表され、かつ不定詞の直接目的語が事物の場合には、2つの目的格代名詞が主動詞の前に並ぶことも可能です。

⑩ ¿Se la has visto dejar en la mesa?
　知覚構文では、不定詞が再帰動詞の場合でも、再帰代名詞が用いられないことがあります。

⑪ Te vieron marchar(te) de la sala.
君は部屋から出るのを見られた。

〈条件の表現〉

現実的条件文

　ある条件を提示して、それが成立した場合の結論とともに述べるのが条件文（oración condicional）です。条件が示される節を条件節、結論が示される節を帰結節と呼びます。提示される条件が、現実的つまり実現可能性がある場合と、実現が不可能であったり極めて難しい、または過去に実現しなかったことについての仮定である場合とで用いられる法が異なります。この節では、前者の現実的条件文について扱います。

　条件節を導く典型的な接続詞は si です。実現する可能性のある条件を述べる si 条件節には、直説法（未来、過去未来、過去未来完了を除く）が用いられます。条件節で表される内容が現在または未来の事柄であれば、現在を使います。未来の事柄であっても未来は使いません。また、仮定的だからといって接続法現在を使うこともありません。帰結節には、直説法現在、未来、未来完了、命令形などが、状況に応じて用いられます（☞〈法・時制・アスペクト〉時制 1、時制 2）。

　　Si hace buen tiempo mañana, pondré la lavadora.

　　　明日天気なら洗濯します。

　　Si tenéis prisa, no tenéis que esperarme.

　　　急いでるなら、私を待たなくていいよ。

　　Te habrás sacado el carné para las vacaciones si te inscribes ahora.

　　　今申し込めば、休暇までには免許を取れているだろう。

　条件節、帰結節ともに線過去を用いると、過去の習慣に関する条件と帰結を述べることが可能です。

　　Durante las vacaciones, íbamos a la piscina del hotel si llovía.

　　　休暇中、雨が降ればホテルのプールに行ったものだ。

　次に、条件節が si 以外で表される条件文を整理しましょう。si を用いる場合とは異なり、直説法ではなく接続法と結び付くのが特徴です。時制は実際に表す時間と一致します（☞〈法・時制・アスペクト〉時制 4）。

Con tal (de) que vengas media hora antes, será suficiente.

30分前に来れば十分でしょう。

En caso de que tengan dudas, no duden en avisarme.

不明な点がおありの場合は遠慮なくお知らせください。

Puedes quedarte más a no ser que quieras irte ya.

もう帰りたいのでなければもっと残っててくれていいよ。

Le alquilamos el piso a condición de que lo cuidara muy bien.

大事にしてくれるならという条件で彼女にマンションを貸した。

como も接続法現在と用いられると条件を表し、警告や予測のような意味合いが出ます（☞〈原因・理由・結果の表現〉）。

Como no cambies de actitud, tus amigos dejarán de serlo.

態度を変えないと友達が友達じゃなくなるよ。

Como siga sin llover, se va a perder la cosecha.

このまま雨が降らないと、作物がだめになってしまう。

cuando, siempre que, mientras は条件とともに時間的な意味も含みます。

Cuando se resuelva este problema, mejorará la situación.

この問題が解決したら、状況は改善するだろう。

前置詞 de は不定詞の単純形を伴って現実的条件を表します。

De tener tiempo, te llamaré esta tarde.

時間があれば今日の午後電話するね。

その他、前置詞句や分詞構文などでも条件が表されることがあります（☞〈分詞構文〉）。

Contigo en el equipo, podremos hacer historia.

君がチームにいれば、われわれは歴史を作ることができる。

非現実的条件文

　条件節で、実現が不可能または極めて難しいと思われること、または過去に実現しなかったことを仮定し、その場合の帰結とともに述べるのが非現実的条件文です。接続法を用いて表現します。

　条件を表す接続詞 si が条件節を導く場合をまず見てみましょう。現在の事実に反対の仮定、もしくは未来の実現しそうにない事柄についての仮定は接続法過去で表します。過去に実現しなかった事柄を仮定するときには接続法過去完了を用います。いずれの場合にも、-ra 形、-se 形ともに可能です（☞〈法・時制・アスペクト〉時制 4）。

　①**Si tuviera diez años menos, ...**　［現在の事実に反する仮定］
　　もし 10 歳若ければ、～。

　②**Si mañana no hubiera clase, ...**　［実現しそうにない仮定］
　　もし明日授業がなかったら、～。

　③**Si hubiéramos ganado aquel partido, ...**　［実現しなかったことの仮定］
　　もしあの試合に勝っていれば、～。

　地域によっては、接続法過去の代わりに直説法過去未来、接続法過去完了の代わりに直説法過去未来完了が用いられることがありますが、正しくない用法だとされています。

　一方、非現実的条件文の帰結節には、直説法過去未来か過去未来完了が用いられます（☞〈法・時制・アスペクト〉時制 3）。これらの時制は非現実的な場合の専用で、現実的条件文の帰結節では用いられません（婉曲用法を除く）。現在や未来の事柄は過去未来（④）、過去の事柄は過去未来完了で表します（⑤）。なお、条件節と帰結節の時間は一致するとは限りません。

　④**Si tuviera diez años menos, cambiaría de trabajo.**
　　もし 10 歳若ければ、転職するんだけど。

　⑤**Si hubiéramos ganado aquel partido, habríamos conseguido el campeonato.**
　　もしあの試合に勝っていれば、優勝していたのに。

過去未来完了ではなく、接続法過去完了の -ra 形が用いられることも
あります。特に条件節が省略される文でよく見られます。以下の⑥では、
「もし可能だったなら」といった条件節が省略されていると考えられます。

⑥ **Me hubiera gustado ir.**　行きたかったんだけど。

　なお、話し言葉で過去未来の代わりに線過去をよく用いる地域がありま
すが、書き言葉では避けるべきだとされています。

　次に、si 以外の接続詞句で非現実的な条件が表される場合です。時制の
体系は、si を用いる条件文と同じなので、条件節には接続法過去か過去完
了、帰結節には直説法過去未来か過去未来完了が用いられます。

⑦ <u>En caso de que</u> no nos **diera** tiempo, te **avisaríamos.**
　万が一時間がない場合には君に知らせます。

⑧ <u>Con tal (de) que</u> me **hubieras acompañado,** me **habría conformado.**
　一緒に行ってくれてさえいればそれでよかったのに。

　これらの接続詞句は現実的条件文でも接続法を用いますが、帰結節に過
去未来か過去未来完了が用いられていれば条件が非現実的であることが
分かります。もし現実的条件文であれば、⑦は⑨のようになります。

⑨ <u>En caso de que</u> no nos **dé** tiempo, te **avisaremos.**
　時間がない場合には君に知らせます。

　現実的条件文と同様に、〈de ＋不定詞〉が非現実的条件文でも用いられ
ます。de の条件節は、現在の事実に反対の仮定もしくは未来の実現しそ
うにない事柄についての仮定は不定詞を単純形（⑩）で、過去に実現しな
かったことの仮定は複合形（⑪）で用います。帰結節はその他の非現実的
条件文と同じように直説法過去未来か過去未来完了になります。

⑩ <u>De</u> **tener** tiempo, te **llamaría.**　時間があれば電話するんだけど。

⑪ <u>De</u> **haberme consultado,** no **habrías tenido** esos problemas.
　相談してくれていたら、そんな問題は起こらなかったろうに。

　その他、前置詞句や分詞構文などでも条件が表されることがあります
（☞〈分詞構文〉）。帰結節の時制の体系はその他の条件文と共通です。

⑫ **Yo que ella,** **habría aceptado** esa oferta de trabajo.
　私が彼女なら、あの仕事のオファーを受けたのに。

〈譲歩の表現〉

現実的譲歩文

あることを述べた上で、それから予想される結論と反対のことを述べる文を譲歩文（oración concesiva）と呼びます。最初に提示される内容を示すのが譲歩節で、そこから予想される内容と反することを表すのが帰結節です。譲歩節で提示される内容が、事実であるか、単なる仮定であるか、事実に反している、または事実であることが疑わしい仮定であるか、過去の事実と反対の仮定であるか、によって用いる法と時制が異なります。この節では、事実の場合と単なる仮定の場合、すなわち現実的譲歩文について扱います。

譲歩節を導く典型的な要素は接続詞 aunque です。譲歩の内容が事実である場合には、直説法を用います。si 条件節とは異なり、未来、過去未来、過去未来完了も可能です。帰結節には、直説法過去未来、過去未来完了以外の直説法のすべての時制および命令形が現れます（☞〈法・時制・アスペクト〉時制 1、時制 2）。

① Aunque tiene fiebre, Marcos se ha ido a trabajar.
　　熱があるのにマルコスは仕事に出かけた。

② Aunque hacía mucho calor, el aire acondicionado no estaba puesto.
　　非常に暑かったが、エアコンはついていなかった。

③ Me pasaré por tu casa, aunque no podré quedarme mucho rato.
　　君の家に寄るよ、長い時間はいられないけど。

譲歩の内容が仮定的である場合には、接続法が用いられます。仮定的というのは、事実かどうかがそもそも不明である場合と、事実であってもそれが事実であるということそのものには無関心であるため接続法を用いて仮定的に示すという場合とがあります。現在または未来の事柄であれば現在、現在完了か未来完了の事柄であれば現在完了になります。

④ Aunque la llames a casa, no podrás hablar con ella.
　　彼女の家に電話しても、彼女と話せないと思うよ。

⑤ Aunque haya viajado mucho, en Camerún no habrá estado.

彼女がよく旅行したことがあるとしても、カメルーンには行ったことがない
だろう。

⑤のように発話時より以前のことを表す現在完了の事柄で仮定的という
のは、時間的には発話時以前に起こっているはずだけれどもそれが事実か
どうかを知らないか、知っているけれどもそのことを事実として前面に出
す意図がないということです。

　aunque 以外にも譲歩を表す表現は多くありますが、ここでは、前置
詞 por を用いるものと、接続法の動詞を反復する表現を扱います。〈por...
que 節〉で「どんなに～でも」という譲歩の意味を表します。que 節の動
詞は事実であれば直説法（⑧）、仮定的であれば接続法（⑥⑦）になります。
por と que の間には、〈muy / más / poco / menos ＋形容詞・副詞〉、〈mucho
/ poco ＋名詞〉、〈más / menos ＋名詞〉、〈mucho / poco〉、〈más / menos〉
が入ります。

⑥ Por muy importante que sea el trabajo, tienes que pasar más
tiempo con tu familia.

どんなに仕事が重要でも、家族ともっと時間を過ごすべきだ。

⑦ Por poco dinero que cueste, no vale la pena gastarlo en eso.

どんなに安くても、それにお金を使う価値はない。

⑧ Por mucho que lo intenté, no pude conseguir la entrada.

どんなにがんばってもチケットを入手することはできなかった。

　接続法の動詞を反復する表現は、〈接続法（＋前置詞）＋関係詞＋接続法〉
（⑨⑩）や〈接続法＋ o no（接続法）〉（⑪）というパターンがあります。い
ずれも時制は実際の時間に一致します。

⑨ Hagan lo que hagan, a nosotros nos da igual.

彼らが何をしようが私たちにはどうでもいい。

⑩ Estuvieras como estuvieras, no podías hablarle así.

君がどんな状態であったとしても、彼にそんな風に話すべきじゃなかった。

⑪ Quieras o no (quieras), tienes que ir a la entrevista.

望もうが望むまいが、君はその面接に行かなくてはいけない。

非現実的譲歩文

　譲歩節で示される内容が、現在や未来の事実に反している場合や事実であることが非常に疑わしい場合、もしくは過去の事実と反対である場合は、接続法で表されます。現在の事実に反対の事柄もしくは未来の実現しそうにない事柄では過去が、過去に実現しなかった事柄では過去完了が用いられます。いずれの場合も、-ra 形、-se 形がともに可能です（☞〈法・時制・アスペクト〉時制 4）。

①**Aunque hubiera** otras posibilidades, ...　［現在の事実に反する譲歩］

　　たとえ他の可能性があったとしても、〜。

②**Aunque no hubierais llegado** a tiempo, ...　［過去に実現しなかったことの譲歩］

　　たとえ君たちが時間通りに着いていなくても、〜。

　一方、帰結節には、直説法過去未来か過去未来完了が用いられます。これらの時制は非現実的な場合の専用で、現実的譲歩文の帰結節では用いられません（婉曲用法を除く）。現在や未来の事柄は過去未来（③）、過去の事柄は過去未来完了（④）で表します。なお、譲歩節と帰結節の時間は一致するとは限りません（☞〈法・時制・アスペクト〉時制 3）。

③**Aunque hubiera** otras posibilidades, **optaríamos** por esta.

　　たとえ他の可能性があったとしても、これを選ぶだろう。

④**Aunque no hubierais llegado** a tiempo, os **habría esperado** sin empezar.

　　たとえ君たちが時間通りに着いていなくても、始めずに待っただろう。

　⑤のように、過去未来完了ではなく、接続法過去完了の -ra 形が用いられることもあります。特に譲歩節が省略される文でよく見られます。⑤の例では、たとえば「たとえ状況が違うものだったとしても」といった譲歩節が省略されていると考えられます。

⑤**Hubiera hecho** lo mismo.

　　私は同じことをしただろう。

　続いて、aunque 以外の譲歩を表す表現の中で、前置詞 por を用いるも

のと、接続法の動詞を反復する表現を見ましょう。「どんなに〜でも」という譲歩の意味を表す〈por... que 節〉は、非現実的な場合にも用いられます。que 節の動詞は、現在か未来の事実に反する事柄であれば接続法過去（⑥）、過去の事実に反する事柄であれば接続法過去完了（⑦）になります（☞〈譲歩の表現〉現実的譲歩文）。

⑥ Por muy conservador que fuera su padre, no se lo prohibiría.

彼の父親がどんなに保守的だったとしても、彼にそれを禁止しないだろう。

⑦ Por mucho esfuerzo que me hubiera costado, lo habría intentado.

どんなに努力が必要でも、それを試みていただろう。

〈接続法（＋前置詞）＋関係詞＋接続法〉（⑧）や〈接続法＋ o no（接続法）〉（⑨）というパターンの接続法の動詞を反復する表現にも、非現実的な用法があります。

⑧ Hubieran dicho lo que hubieran dicho, te habríamos aceptado.

彼らが何を言ったとしても君を受け入れていたよ。

⑨ Me hubieras acompañado o no, esa película la habría ido a ver.

付き合ってくれてもくれなくても、その映画は見に行ってたよ。

〈願望・疑惑の表現〉

　話し手の願望を表す表現はさまざまありますが、接続法を用いる決まった構文による文を**願望文**（oración desiderativa）と呼んでいます。構文は主に、〈Que ＋接続法〉と〈Ojalá (que) ＋接続法〉の２つがあります。発話される場合の抑揚を反映させて書記上感嘆符を付けることも一般的です。願望文は、その願望の内容に実現性がある場合と、実現性がないか極めて低い場合、または過去に実現しなかったことの願望である場合とで、異なる時制で表します。

　現在もしくは未来の事柄で実現性がある願望の場合、上記の２つの構文が接続法現在で用いられます。

　① ¡**Que te vaya** muy bien en la carrera!
　　大学で（君が）うまくいきますように。

　② ¡**Ojalá** Laura **tenga** éxito en su nueva vida!
　　ラウラが新生活で成功するといいなあ。

２つの構文の違いは、①の〈Que ＋接続法〉ではそもそも実現しない可能性を考慮せずに願望を述べるのに対し、②の〈Ojalá (que) ＋接続法〉のほうでは、実現しないかもしれないけれどしてほしいという意味合いがあります。したがって、聞き手が関連する事柄を述べる状況では、③のような〈Ojalá (que) ＋接続法〉が不適切になる場合もあります。

　③ △ ¡**Ojalá te mejores** pronto!　君が早くよくなったらなあ。

　④ ○ ¡**Que te mejores** pronto!　君が早くよくなりますように。

　すでに起こっているはずの出来事について、話し手がその結果を知らないものの実現性があると判断して願望を表現する場合もあります。発話の時点では完了している発話時と関連のある出来事なので現在完了で表され、〈Ojalá (que) ＋接続法〉の構文が用いられます。

　⑤ ¡**Ojalá** mis padres ya **hayan recibido** mi regalo!
　　両親が私のプレゼントをもう受け取ってくれているといいなあ。

　一方、現在や未来の事柄で実現性がないことを願望する文は、〈Ojalá (que) ＋接続法〉を過去で用います（☞〈法・時制・アスペクト〉時制 3）。

⑥ ¡Ojalá supiera cantar mejor! もっと歌がうまければなあ。

同様に、この構文を⑦のように過去完了で使えば、過去の事実に反する願望を示すことができます。

⑦ Ojalá no te hubiera conocido nunca.
君と知り合わなければよかったのに。

続いて、話し手が、述べる内容について断定を避けたり、疑いを抱いていたりすることを示す一連の副詞を用いる文、疑惑文（oración dubitativa）について見てみましょう。疑惑文に現れる副詞（句）には、quizá(s), tal vez, probablemente, posiblemente, acaso, a lo mejor, igual, seguramente があります。これらは大きく2つに分けることができ、直説法の動詞と結び付くものと、直説法または接続法の動詞と用いられるものとがあります。前者には、a lo mejor, igual があり、igual は常に、a lo mejor も普通は直説法の動詞と結び付きます。igual は話し言葉でよく用いられます。

⑧ A lo mejor voy yo también. 私も行くかもしれない。

⑨ Igual Charo no sabía dónde estábamos.
チャロは私たちがどこにいるのか知らなかったんだろう。

一方、quizá(s), tal vez, probablemente, posiblemente, seguramente, acaso は後者にあたり、直説法とも接続法とも結び付きます。接続法を用いたほうが断定がより弱いことが示されます。また、⑩に示したように推量を表す未来形と結び付くこともよくあります。ただし、これらの副詞（句）が動詞の後に来る場合（⑪）には、直説法のみが可能です。

⑩ Quizá no {haya / hay / habrá} más remedio.
他に方法がないのかもしれない。

⑪ Han tenido algún imprevisto, probablemente.
彼らに何か不測の事態があったんだ、おそらく。

⑫ Tal vez {se confundió / se confundiera} de fecha.
彼は日付を間違ったのかもしれない。

その他、suponer, imaginar(se), poder などの動詞を用いたり、時制を未来形にしたりする（☞〈法・時制・アスペクト〉時制3）といった手段でも疑惑を表現することができます。

〈時間・空間の表現〉

　前置詞（句）や副詞（句）には、時間や空間を表すものが多くあります。この節では、その中で互いに関連するものをまとめて整理しましょう。

　時間を表す前置詞（句）や副詞（句）には、a, de, dentro de, desde, durante, en, hacia, hasta, para, por, sobre などがあります。この中で、「〜後に」という意味を表しうるものに、en と dentro de があります。dentro de が発話の時点を基準にしてそれ以降のことを指すのに対して、en は発話時以外が基準になります。

　① **Nos avisarán <u>dentro de</u> una semana.** ［発話時から 1 週間後］
　　1 週間後に知らせてもらえるだろう。

　② **Nos avisaron <u>en</u> una semana.** ［過去の基準時から 1 週間後］
　　1 週間経って知らせてもらった。

en は、③の escribir un poema のように継続性があり完結性を持つ動詞や動詞句と用いた場合には、所要時間を表します（☞〈法・時制・アスペクト〉アスペクト）。

　③ **Rodrigo escribió un poema <u>en</u> diez minutos.**
　　ロドリゴは 10 分で詩を一篇書いた。

　次に、desde と de について見てみましょう。これらはどちらも時間の始点を表します。desde には始点から後の経過がより強く示されるという特徴があります。また、④に示したように、終点を表す hasta と対応関係にありますが、必ずしも必要ではありません。

　④ **Voy a estar en esta ciudad <u>desde</u> el día dos (<u>hasta</u> el cinco).**
　　この町に 2 日から（5 日まで）います。

　一方、de には時間の始点以外を表す用法も多いため、始点の用法の場合には、⑤のように終点を示す要素とともに用いられます。普通 a が対応します。

　⑤ **Voy a trabajar en esta tienda <u>de</u> hoy <u>al</u> día doce.**
　　この店で今日から 12 日まで働きます。

　以上のような性質は空間を表す場合にも同様で、desde, de が起点、

hasta, a が着点を示します。

⑥ **Voy andando <u>desde</u> la oficina (<u>hasta</u> el restaurante).**

オフィスから（レストランまで）歩いて行きます。

⑦ **Fui en business <u>de</u> París <u>a</u> Barcelona.**

パリからバルセロナまでビジネスクラスで行った。

同じく空間を表す表現で、「〜の上に」にあたるものが複数あります。en, encima de, sobre の 3 つですが、水平面の上に接触して位置している場合、いずれも用いることができます。

⑧ **Tu libro está {<u>en</u> / <u>sobre</u> / <u>encima de</u>} la mesa.** 　君の本は机の上にある。

水平面の上で接触がない場合には、en は使うことができません。encima de の場合は por をつけて por encima de となります。

⑨ **Un helicóptero volaba {× <u>en</u> / <u>sobre</u> / <u>por encima de</u>} la torre.**

一台のヘリコプターが塔の上を飛んでいた。

一方、垂直面における位置を示すことができる en, sobre とは異なり、encima de はそれができません。

⑩ **La artista dibujó un círculo {<u>en</u> / <u>sobre</u> / × <u>encima de</u>} la pared.**

そのアーティストは壁に円を 1 つ描いた。

反対の意味の「〜の下に」にあたる表現には、debajo de と bajo があります。bajo は文語的で、かつ抽象的であったり比喩的であったりする傾向が見られます（bajo lluvia 雨の下で）。また、より具体的な位置関係を指す debajo de は、上に位置する物と接触している場合もしていない場合も可能なのに対して（debajo del sofá ソファーの下に、debajo de la estera マットの下に）、bajo は接触していない場合のみです（bajo el toldo 日よけの下で）。

最後に、「〜の前に」を意味する、ante, delante de, enfrente de について見ておきましょう。ante は文語的であり、また比喩的な用法（ante la responsabilidad social 社会的責任の前で）が普通です。一方、delante de と enfrente de は具体的な位置関係を示しますが、enfrente de は正対しているという意味での「〜の前で」です。

⑪ **Vicente se sentó {<u>delante de</u> / <u>enfrente de</u>} la pared.**

ビセンテは {壁の前に／壁に向かって} 座った。

〈原因・理由・結果の表現〉

原因・理由を表す方法には、前置詞（句）を用いるものや接続詞（句）を用いるものがあります。前置詞では por が典型的で、他に de や con があり、接続詞句では、a causa de, con motivo de, debido a, gracias a, por culpa de などがあります。

① **Lo criticaron duramente <u>por</u> su comportamiento grosero.**

　　彼は下品な振る舞いのために厳しく批判された。

② **<u>Debido a</u> un tifón, el vuelo quedó cancelado.**

　　台風のせいでフライトがキャンセルされた。

接続詞で最も典型的なのは porque で、通常主節の後に置き、主節の内容の直接的な理由を表します。

③ **Tuve que pasar por un banco <u>porque</u> no llevaba dinero.**

　　お金を持っていなかったので銀行に寄らなければならなかった。

理由そのものを否定する場合には、④のように、主節が否定文に、かつ porque 節が接続法になります。⑤の直説法の場合と比べましょう。

④ **No voy a verla <u>porque</u> me apetezca.**

　　彼女に会うのは会いたいからではない。

⑤ **No voy a verla <u>porque</u> no me apetece.**

　　会いたくないから彼女に会わない。

一方、主節より先に来て、当たり前の事実のように述べながら理由として提示するのは como です。この用法では直説法が用いられますが、接続法とともに用いられると条件の意味になります（☞〈条件の表現〉現実的条件文）。

⑥ **<u>Como</u> no quería ir, les dije que estaba enferma.**

　　行きたくなかったので、彼らに病気だと言った。

主節で述べる事柄の前提となる理由として発話上提示するのが ya que, puesto que, dado que です。主節の前にも後ろにも現れます。

⑦ **<u>Ya que</u> estamos cerca, vamos a visitar el museo arqueológico.**

　　近くにいるんだから、考古学博物館を訪ねよう。

接続詞（句）には、主節の後でポーズをおいてから（書記上はコンマやセミコロンやピリオド）、理由を付け加えて述べるものもあります。主節で表される事柄の理由を説明したり、正当化するようなはたらきがあります。pues, puesto que, es que, que, ya que などが代表的なものです。

⑧ **Le escribo este mail, pues necesito pedirle un favor.**
　1つお願いがあってメールさせていただきます。

続いて、原因・理由とは反対の、結果を表す表現を見ましょう。まず前置詞では para が典型的なものです。

⑨ **Santiago dejó el trabajo de bedel para estar parado durante mucho tiempo.**
　サンティアゴは守衛の仕事をやめ、その後長い間無職でいた。

一方、接続詞句では、por (lo) tanto, por consiguiente, por eso, así que, de modo {manera/forma} que, de ahí que などがあります。de ahí que のみ接続法を取ります。これらの場合、結果を表す従属節は、前に来る主節とはポーズで区切られます（書記上はコンマやセミコロンやピリオド）。

⑩ **Ya no queda ningún ejemplar; por tanto, hay que hacer otro pedido.**
　もう1部も残っていない。だから、また注文しなければ。

⑪ **Hace mucho frío fuera, así que es mejor que te lleves un abrigo.**
　外はとても寒い。だから、コートを持って行ったほうがいいよ。

⑫ **La película ya había empezado; de ahí que nos fuéramos a una cafetería para hacer tiempo.**
　映画はもう始まっていた。だから、時間をつぶしにカフェに行った。

主節と従属節が相関的な表現で結び付く場合もあります。

⑬ **Había tanta cola que tuvimos que esperar dos horas.**
　あまりの行列だったので、2時間待たなくてはならなかった。

⑭ **Su alegría era tal que hasta me llamaron a mí.**
　彼女らの喜びは大きく、私にまで電話してくるほどだった。

⑬の例文の tanto... que... の前半部分は〈tanto ＋名詞〉〈動詞＋tanto〉〈tan ＋形容詞・副詞〉となり、量的な程度を表します。一方、⑭の tal は質的な程度を表します。

〈目的の表現〉

目的を表すには、前置詞（句）や接続詞（句）を用います。前置詞で最も典型的なものは para です。動詞（①）も名詞（②）も取ることができます。

① Álex vino a Japón <u>para</u> mejorar su japonés.

アレックスは日本語力を向上させるために日本に来た。

② Se recaudaron fondos <u>para</u> el mantenimiento del edificio.

その建物の維持のために資金が集められた。

この para と同様に日本語の「〜のために」に対応する場合があることで使い分けが困難なものに por があります。すでに見たように para は典型的に目的を表し、ある行為の目標や利益を受ける対象を指します。一方、por は何らかの行為の動機を示します。行為の生じる内在的な起点を表す por に対して、行為の結果を受ける外在的な para という関係です。

③ Álex vino a Japón <u>por</u> querer mejorar su japonés.

アレックスは日本語力を向上させたいと思って日本に来た。

④ Lo he hecho <u>por</u> usted.

あなたのためを思ってそうしたんです。

ir や venir など移動を表す動詞の場合には、何のために移動するのかという目的は para だけでなく a でも示されます。一方、移動の目的が名詞（句）であれば por が用いられます。なお、スペインの話し言葉では〈a por〉という組み合わせになる傾向があります。

⑤ Voy al mercado <u>a</u> comprar verduras.

野菜を買いに市場に行きます。

⑥ Vengo <u>(a) por</u> las entradas.

チケットを受け取りに来ました。

前置詞句では、a fin de, con el fin de, con el objeto de などがよく用いられます。

⑦ Ramiro cambió de trabajo <u>con el fin de</u> estar cerca de su familia.

ラミロは家族の近くにいるために仕事を変えた。

目的を表す前置詞（句）が動詞を取る場合、主節の主語と目的を表す従

属動詞の主語が同じであれば、ここまでの例から分かるように、従属する動詞は不定詞で用いられます。一方、両者の主語が異なる場合には、que に導かれる従属節となり、接続法が使われます。

⑧ **Sacamos otra mesa para que todos se pudieran sentar.**

全員が座れるように私たちは別のテーブルを出した。

⑨ **Se va a organizar un concierto con el objeto de que los damnificados puedan desahogarse.**

被災者が息抜きできるようにコンサートが企画される。

⑧の例文では、主動詞である sacar の主語は nosotros で従属動詞 poder sentarse の主語は todos なので、接続法の que 節が現れています。⑨の例文でも主語は異なり、主節は un concierto で、従属節は los damnificados です。

他にも、de modo que, de manera que, de forma que がありますが、これらは目的の意味の場合には⑩のように que 節内の動詞が接続法となります。⑪のように直説法と用いると結果の意味を表します（☞〈原因・理由・結果の表現〉）。

⑩ **He reinstalado la aplicación de modo que el teléfono la reconozca.**
［目的］

電話が認識してくれるようにそのアプリを再インストールした。

⑪ **Un joven le cedió su asiento a la mujer de forma que pudo ir sentada todo el viaje.** ［結果］

若者がその女性に席を譲ったので、彼女はずっと座って行くことができた。

〈比較の表現〉

比較級 1（基本事项）

　2 つのもの（X と Y）を何かの程度や数量に関して比較して示すには比較級（comparativo）を用います。X のほうが Y より上である場合は優等比較、その逆の場合は劣等比較、同じである場合は同等比較です。

　形容詞、副詞、名詞が表す内容を比較する場合、優等比較と劣等比較であれば、その語の前に más（優等）か menos（劣等）を付け、比較の対象である Y の前には que を置きます。文脈で明らかな場合には、que 以下が省略されることもよくあります。

① **Tomás es <u>más</u> sociable que su mujer.** ［形容詞・優等］
トマスはお連れ合いよりも社交的だ。

② **Hoy hay <u>más</u> tráfico que entre semana.** ［名詞・優等］
今日は平日より交通量が多い。

③ **Julián cocina <u>menos</u> mal que yo.** ［副詞・劣等］
フリアンは私よりも料理の腕がましだ。

menos を用いた劣等比較の文では、比較の内容が表す意味を主語がそもそも備えていることが前提となるのが普通です。たとえば、③の例には、「フリアンも料理が下手である」というニュアンスがあります。

　一方、同等比較の場合は、形容詞、副詞の意味の程度であれば〈tan ＋形容詞・副詞＋ como〉、名詞の数量であれば〈tanto/a/os/as ＋名詞＋ como〉が用いられます。

④ **Victoria trabaja <u>tantas</u> horas <u>como</u> Ana.**
ビクトリアはアナと同じくらいの時間働く。

　優等比較を否定文で用いることはまれで、劣等比較か同等比較の否定文で示すことが普通です。

△ **Mi impresora <u>no</u> es <u>más</u> grande que la tuya.**

○ **Mi impresora es <u>menos</u> grande que la tuya.**

○ **Mi impresora no es <u>tan</u> grande <u>como</u> la tuya.**

私のプリンターは君のものほど大きくない。

　形容詞、副詞、名詞が表す内容についての比較ではなく、動詞の表す内容の程度を比較するときには、〈más/menos que〉、〈tanto como〉で示します。más, menos, tanto は動詞を修飾する副詞としてはたらきます。

　⑤ **Marisol duerme <u>más</u> que yo.**
　　マリソルは私よりもよく眠る。

　⑥ **A Jacobo le gusta el fútbol <u>tanto</u> <u>como</u> a mí.**
　　ハコボは私と同じくらいサッカーが好きだ。

　形容詞の bueno, malo, grande, pequeño と副詞の bien, mal は、優等比較に más を用いず不規則な形を取ります。bueno と bien の比較級は共通で mejor、malo と mal の比較級も共通で peor です。また、grande の比較級は mayor となり、pequeño は menor です。ただし、bueno と malo は人の性格に言及する場合には不規則な比較級ではなく、規則形の〈más bueno/malo〉が用いられます。同様に、grande と pequeño の比較級である mayor と menor は、年齢や抽象的な概念の大小の場合にのみ使われ、寸法の大小の場合には規則形となります。

　⑦ **Marina es {<u>mayor</u> / <u>más</u> grande} que Clara.**
　　マリナはクララより {年上だ／体が大きい}。

　なお、mayor と menor には比較級ではない通常の形容詞としての用法もあります。⑧の mayor は「年を取った」という意味です。

　⑧ **Mis padres ya son muy <u>mayores</u>.**　両親はもうかなりの年です。
　比較した内容の差となる部分を表す要素は、比較級の直前に置きます。

　⑨ **Llevo <u>dos años</u> <u>más</u> que ella en esta oficina.**
　　私はこのオフィスでは彼女より2年長い。

　⑩ **Felipe es <u>mucho</u> <u>más</u> tolerante que Héctor.**
　　フェリペはエクトルよりずっと寛大だ。

　なお、〈mucho más/menos ＋名詞〉の場合には、mucho は名詞に性数一致します。⑪では cosas に一致して muchas となっています。

　⑪ **Necesito aprender <u>muchas</u> <u>más</u> cosas sobre este país.**
　　私はこの国についてもっと多くのことを学ぶ必要がある。

比較級 2（その他の事項）

　比較において、X とは別の Y と比較するのではなく、X についての異なる 2 つの性質の比較である場合があります。

　　① María es <u>más</u> ingenua <u>que</u> tonta.

　　　マリアは馬鹿というよりお人よしだ。

　　② Carlota es <u>tan</u> valiente <u>como</u> temeraria.

　　　　カルロタは勇敢であると同時に無鉄砲だ。

　優等比較と劣等比較では、比較の対象が程度や数量の場合、que ではなく de で示します。

　　③ Su charla estuvo <u>menos</u> interesante <u>de</u> lo que esperábamos.

　　　　彼の講演は私たちが期待していたほど面白くなかった。

この③の例では、彼の実際の講演を「私たちがこれくらい面白いだろうと期待していた程度」と比較しています。④の文と比べてみましょう。

　　④ Su charla estuvo <u>menos</u> interesante <u>que</u> la de Eugenio.

　　　　彼の講演はエウヘニオの講演ほど面白くなかった。

　ちなみに、「期待していた程度」は抽象的なので、それを表すのに関係詞〈定冠詞＋ que〉の定冠詞が中性の lo で用いられています（☞〈関係詞を含む文〉関係代名詞）。

　次の⑤では、比較の対象が「私が読む本（の数）」です。

　　⑤ Siempre compro <u>más</u> libros <u>de</u> los que leo.

　　　　いつも読む以上の本を買ってしまう。

これも以下の⑥と比べてみましょう。

　　⑥ Este mes he comprado <u>más</u> libros <u>que</u> el mes pasado.

　　　　今月は先月よりも多く本を買った。

〈más/mayor de ＋数値〉はその数値を超えていることを示すので、以下の⑦の例では 5 回以上ではなく 6 回以上ということになります。年齢や期間の場合には、日本語の「〜以上」にそのまま相当します（⑧）。一方、〈menos/menor de ＋数値〉はその数値に至らないことを示し、日本語の「〜未満」に対応します。

⑦ En Estados Unidos he estado <u>más</u> <u>de</u> cinco veces.

アメリカ合衆国には 6 回以上行ったことがある。

⑧ Llevo <u>más</u> <u>de</u> tres años trabajando aquí.

私はここで 3 年以上働いている。

比較の対象が程度や数量でも、同等比較ではその他の場合と同じように como が用いられます。como の後には直接文をつなげることができます。

⑨ Su charla estuvo <u>tan</u> interesante <u>como</u> esperábamos.

彼の講演は私たちが期待していた通りに面白かった。

⑩ Ahora mi economía me permite comprar <u>tantos</u> libros <u>como</u> leo.

今私は読むだけの本を買える経済状況にある。

語彙的にすでに比較の意味を含むため比較級にならない語があります。たとえば、副詞の antes（より前）と después（より後）はそれ自体が比較の意味を持ち、比較級にはなりません。

　× 　Te voy a llamar <u>más</u> después.

　○ 　Te voy a llamar después. 　後で電話するね。

　　　Cf. Te voy a llamar <u>más</u> tarde. 　後で電話するね。

形容詞の inferior（より下の、より劣った）、superior（より上の、より優れた）、anterior（より前の）、posterior（より後の）も比較の意味を含んでいるので比較級にはなりません。比較の対象はいずれも a で示します。

⑪ Este modelo es <u>superior</u> al anterior.

このモデルは旧モデルよりも優れている。

最後に、比較級を用いた慣用表現を 1 つ見ておきましょう。〈Cuanto ＋比較級,（tanto ＋）比較級〉で「～すればするほど～だ」という表現ができます。

⑫ <u>Cuanta más</u> gente venga, <u>más</u> ambiente habrá.

人が多く来れば来るほどよりにぎやかな雰囲気になるだろう。

⑬ <u>Cuanto menos</u> duermo, <u>mejor</u> me levanto.

私は睡眠時間が短いほど目覚めがいい。

cuanto 節内の動詞は仮定的な内容であれば⑫のように接続法、事実として述べるのであれば⑬のように直説法です。

最　上　級

　3つ以上のものの中で何かが一番であることを示すのが**最上級**（super-lativo）です。形容詞の場合は、〈定冠詞・所有詞（＋名詞）＋優等比較または劣等比較の比較級〉の形になります。「〜の中で」を示す場合には一般的には de が用いられますが（①）、他に entre や en も見られます。また、②のように関係代名詞 que に導かれる関係詞節が続くこともあります。

①Creo que este es <u>el</u> diccionario <u>más</u> completo <u>del</u> mercado.

　　これが市場にある中で最も充実した辞書だと思う。

②El Fuji nevado es <u>el</u> monte <u>más</u> bonito <u>que</u> he visto.

　　雪に覆われた富士山は私がこれまで見た中で一番美しい山だ。

なお、比較級が mejor, peor の場合には、〈mejor/peor ＋名詞〉の語順になります。

③Para mí esta es su <u>mejor</u> obra.　　私にとっては、これが彼の一番の作品だ。

比較級が関係詞節の内部に現れ、先行詞の定冠詞と結び付いて最上級の意味になる文もあります（☞〈関係詞を含む文〉）。

④Lucía es <u>la</u> <u>que</u> hace <u>más</u> ejercicio <u>de</u> todos nosotros.

　　ルシアは私たちみんなの中で一番運動する（人だ）。

副詞の最上級は、まさに④のような関係詞を用いた構文〈定冠詞（＋名詞）＋関係詞節［＋優等比較または劣等比較の比較級］〉の形で表します。

⑤Diego y Andrés fueron <u>los</u> <u>que</u> <u>mejor</u> jugaron en el partido.

　　ディエゴとアンドレスがその試合で一番うまくプレーした（人だ）。

⑥<u>Lo</u> <u>que</u> <u>más</u> me gustó de ese hotel es la plantilla.

　　そのホテルで最も気に入ったところはスタッフだ。

⑦Sacó la mejor nota <u>el</u> <u>que</u> había estudiado <u>menos</u>.

　　最も勉強していなかった人が一番いい成績を取った。

比較の対象に nada や nadie, nunca のような否定語を置くことで、形式上は比較級でも意味的には最上級の文ができます。

⑧Te quiero <u>más</u> <u>que</u> a <u>nadie</u>.

　　誰よりも君のことを愛している。（君のことが一番好きだ。）

最上級の一種と考えられる表現に、「できるだけ〜」という意味の〈定冠詞＋比較級＋ posible〉があります。

⑨ Intentaré arreglar el asunto lo mejor posible.
　　できるだけうまくその件を解決するようにします。

⑩ Procuramos gastar el menor dinero posible.
　　私たちはできるだけ少ない出費を心がけています。

⑪ Quiero unas explicaciones lo más sencillas posible.
　　できるだけ単純な説明が欲しいんです。

⑪の文のように、形容詞が複数形の場合には posible も複数形で一致する用法が観察されますが（lo más sencillas posibles）、一致しない単数形が正しいとされています。

　ここまで見た「〜の中で」という相対的な最上級とは別に、比較の対象を持たない絶対最上級と呼ばれる形式があり、「とても〜」という意味を表します。意味は副詞 muy を付けたものと似通っていますが、絶対最上級のほうがより強い主観的な評価が示されます。形容詞と一部の副詞（mucho, poco, rápido など）に関して可能で、-ísimo という語尾を取ります。形容詞の場合にはその語尾が性数変化します。

⑫ La pregunta ha sido facilísima.
　　設問はすごく簡単だった。

⑬ ¡Uf! ¡Pesa muchísimo esta maleta!
　　うっ、このスーツケースすごく重いね！

　語彙的に最上級の意味を持つものに、primero, último があります。順番の中で「一番目」であること、「最後」であることをそれぞれ示します。

⑭ ¿Quién es el último de la cola? —Yo.
　　列の最後はどなたですか？ ──私です。

⑮ Raquel fue la primera en descubrir el secreto de Nuria.
　　ラケルはヌリアの秘密に最初に気づいた（人だった）。

2 語　順

〈統語的基準〉

　スペイン語の文を構成する要素には、動詞を中心として、主語、直接目的語、間接目的語、状況補語、主格補語、目的格補語、補完補語があります（☞〈文の要素と構造〉）。これらの要素は、後述する場合を除いては、〈主語→動詞〉、〈動詞→直接目的語→間接目的語〉、〈動詞→状況補語〉、〈動詞→主格補語〉、〈動詞→直接目的語→目的格補語〉、〈動詞→補完補語〉という語順になります。

　　Íñigo ha bajado del taxi.　［主語→動詞］イニゴはタクシーから降りた。

　　Emma aceptó la propuesta.　［動詞→直接目的語］

　　　エンマはその提案を受け入れた。

　　Enseñé el documento a la aduanera.　［動詞→直接目的語→間接目的語］

　　　私は書類を税関職員に見せた。

　　Eva nació en 1965 en Santiago de Chile.　［動詞→状況補語］

　　　エバは 1965 年チリのサンティアゴで生まれた。

　　Llegué molida a la cima.　［動詞→主格補語］

　　　私はくたくたで頂上に着いた。

　　Llamaron a Paco traidor.　［動詞→直接目的語→目的格補語］

　　　パコは裏切り者と呼ばれた。

　　Enrique cuida de su madre enferma.　［動詞→補完補語］

　　　エンリケは病気の母親を介護している。

　疑問文と感嘆文では、疑問詞と感嘆詞が文の始めに位置する決まりです。

　　¿Quién te dijo eso?　誰が君にそう言ったの？

　　¡Cómo me duele tu ausencia!　君がいなくてなんてつらいんだろう。

　主語が明示される場合、疑問詞を用いる疑問文（部分疑問文）では、動詞よりも後に来ます。疑問詞のない疑問文（全体疑問文）の場合でも、同様の語順になるほうが普通です（☞〈内容による種類〉疑問文）。

　　¿Cuándo vino Pedro?　（× ¿Cuándo Pedro vino?）

ペドロはいつ来たんですか？

¿Vive <u>Gabriel</u> aquí? / ¿<u>Gabriel</u> vive aquí?

ガブリエルはここに住んでるんですか？

動詞が ser や estar の疑問文では、主語は通常補語の後に位置します。代名詞であれば、動詞の後ろが普通です。

¿Está buena <u>la sopa</u>?　スープおいしい？

¿Son <u>ustedes</u> bolivianos?　あなた方はボリビアの方ですか？

また、感嘆文で主語を明示する場合には、必ず動詞の後になります（☞〈内容による種類〉感嘆文）。

¡Qué bien canta <u>Eduardo</u>!　（× ¡Qué bien Eduardo canta!）

エドゥアルドはなんて歌がうまいんだろう！

動詞や構文のタイプによって、原則的に主語が動詞に後置されるものがあります。gustar や doler など感情・感覚を表す動詞、ocurrir や existir など生起・存在を表す動詞、faltar や sobrar など過不足を表す動詞、convenir や importar など価値を表す動詞、不定詞や que 節が主語になり形容詞や副詞と共に用いられる場合の動詞 ser と estar がそれにあたります（☞〈構造による種類〉自動詞文、〈冠詞〉主語と冠詞）。

<u>Existe</u> una rivalidad entre esos dos jugadores.

その 2 人の選手の間にはライバル関係がある。

<u>Faltan</u> <u>tres semanas</u> para las vacaciones.　休暇まであと 3 週間だ。

En Japón es normal <u>levantar los platos al comer</u>.

日本では食べる時に皿を持ち上げるのは普通である。

caerse, ocurrirse, olvidarse, perderse, romperse など、人を指す間接目的格人称代名詞とともに用いられて、その人が意図せずに生じる事柄を表す動詞も、主語が動詞の後ろに来るのが普通です（☞〈構造による種類〉再帰文 2、〈格〉目的格 2）。

Se me ha roto <u>el móvil</u>.　携帯電話が壊れてしまった。

また、命令文で主語を明示する場合にも主語は後置されます。

Ve <u>tú</u> para ver si ya ha llegado Ramón.

ラモンがもう着いたか君が見に行って。

〈情報的基準〉

　前節では統語的な基準による語順の原則を見ました。しかし、実際には語順はそれだけで決まるのではなく、発話が行われる文脈における情報的な要因が大きく影響します。

　聞き手との間であらかじめ共有されている情報を旧情報と呼び、聞き手にとって新しく情報価値のある情報を新情報と呼ぶとすると、旧情報、新情報の順に現れることが普通です。旧情報がその文の話題としてまず提示され、それについて後から述べられる部分が新情報となります。前節で見たように、通常〈主語→動詞〉の順になるのは、主語が文の話題であることが多いからです。したがって、主語が新情報である場合には、語順が入れ替わります。

① ¿Quién te lo ha dicho? —Me lo ha dicho Víctor.

　　誰が君にそれを言ったの？　——ビクトル。

② Ayer llegó un paquete cuyo destinatario era un desconocido.

　　昨日知らない人が宛名の荷物が届いた。

　①の例の返答では「誰が」という情報が求められているので、Víctor が動詞に後置されるのが自然な語順です。②の例では、求められている情報は何が届いたかなので、情報量の多い主語がやはり後ろに位置しています。

　一方、中立的な文脈における語順では動詞の後に置かれる要素が、前置されて文頭に現れることがあります。上述したように、旧情報を話題として提示する場合です。③で状況補語の例を見てみましょう。

③ ¿Cuándo fuiste a León? —A León fui cuando tenía veinte años.

　　レオンにいつ行ったんですか？　——レオンには20歳のときに行きました。

　同様に、前節で挙げた、主語が通常後置される動詞でも、それが話題として示される場合は④⑤のように文頭に来ます。

④ ¿Qué tal si vamos a cenar comida coreana? —La comida coreana me encanta.

　　夕食は韓国料理にしませんか？　——韓国料理は大好きです。

⑤ Me gustaría hablar con Rosario. —<u>Hablar con ella</u> es fácil pero
convencerla es otra cosa.

ロサリオと話したいんですが。——彼女と話すのは簡単ですが説得するとな
るとまた別の話ですよ。

このように話題として文頭で提示される要素が、動詞の直接目的語か間
接目的語の場合、⑥の lo, ⑦の le のように目的格人称代名詞が同時に現れ
ます（☞〈位置と重複表現〉重複表現）。

⑥ ¡Qué jersey más bonito llevas! —<u>Este jersey</u> me <u>lo</u> hizo mi abuela.

すてきなセーターですね！ ——このセーターは祖母が私に編んでくれたんで
す。

⑦ ¿Qué le han regalado a Esteban? —<u>A Esteban</u> le han regalado
colonia.

エステバンは何をもらったの？ ——エステバンはコロンをもらったよ。

なお、文頭に置かれるのは話題として提示される旧情報とは限りません。
新情報でも強調や対比の目的で文頭に来ることがあります。

⑧ <u>En 1492</u>, hubo tres acontecimientos muy importantes en la
historia de España.

1492 年、スペイン史において非常に重要な出来事が 3 つあった。

⑨ <u>A Sevilla</u> fuimos en tren y a Granada en autocar.

セビージャには電車で、グラナダにはバスで行きました。

なお、話題として提示する場合とは異なり、こちらの場合には、直接目
的語と間接目的語の場合でも目的格人称代名詞との重複は起こりません
（☞〈位置と重複表現〉重複表現）。

⑩ <u>A Ángela</u> no puedo fallar. アンヘラのことは裏切れない。

3 文と文とのつながり

〈関係詞を含む文〉

関係詞と用法

接続詞として主節と従属節（＝関係詞節）を結び付け、同時に従属節の中で代名詞、形容詞、副詞のいずれかの役割を果たす語が**関係詞**（relativo）で、代名詞の役割をするものを関係代名詞、形容詞の場合を関係形容詞、副詞の場合を関係副詞と呼びます。関係詞節は名詞（＝先行詞 antecedente）を修飾するので、形容詞節でもあります。

関係詞を含む文（oración relativa）には、限定用法（uso especificativo）と説明用法（uso explicativo）があります。限定用法では、関係詞節は先行詞を限定し、説明用法では、追加で説明を加えます。説明用法では発音上休止が置かれ、書記上はコンマが付されます。

① **Las canciones que están de moda no me parecen muy buenas.**

　　流行している曲はあまりよいと思わない。［限定用法］

② **Las canciones, que están de moda, no me parecen muy buenas.**

　　それらの曲は、流行しているが、あまりよいと思わない。［説明用法］

①の例では、曲の中でも流行しているものを限定しているので、流行していない曲は除外されています。一方、説明用法の②では、特定の曲に関して、それらが流行しているという補足説明を追加しています。したがって、説明用法の関係詞節は省略したとしても文意が大きく変わることはありませんが、限定用法の場合にはそのままの意味では省略できません。

また、先行詞が代名詞や固有名詞の場合には、すでに限定されているため、通常は説明用法しか用いることができません。

③ **Vamos a avisar a Ernesto, que sabe mucho del tema.**

　　エルネストに知らせようよ、そのテーマのことをよく知ってるから。

関係詞節内の動詞に注目すると、限定用法では直説法も接続法も現れますが（☞〈法・時制・アスペクト〉法2）、説明用法では原則的に直説法し

か用いられません。以下は限定用法の直説法（④）と接続法（⑤）の例です。

④ Estoy buscando a un secretario que ya debe de haber llegado.

すでに着いているはずの秘書を探しています。

⑤ Estoy buscando un secretario que pueda manejar los asuntos financieros.

財務関係を扱ってくれる秘書を探しています。

　関係詞の用法は、先行詞があるかどうかでも異なります。ここまで見てきた例はすべて先行詞を持つ文でしたが、先行詞がない場合を独立用法と呼びます。この用法が可能な関係詞には、〈定冠詞＋ que〉、quien(es), cuanto, cuando, como, donde があります。定冠詞は、指す人・事物の性数によって変化し、抽象的な内容であれば⑦のように中性形の lo を用います。

⑥ Los que están aquí son todos aspirantes a la plaza vacante.

ここにいるのは全員空きポストへの志願者です。

⑦ Lo que no entiendo es por qué no me lo dice.

理解できないのは、なぜ彼女が私にそれを言わないかだ。

　また、独立用法の一種に同格用法があり、〈定冠詞＋ que〉で表します。以下の⑧では、algunos colegas が先行詞のように見えますが、それを修飾するのではなく同格に並び、言い換えのような形になります。

⑧ Esta noche he quedado con algunos colegas, los que me han ayudado en el proyecto.

今夜同僚の何人かと約束したよ、プロジェクトで手伝ってくれた人たちね。

　独立用法のある関係詞は、〈ser ＋被強調要素＋関係詞〉の形で、文のある要素を強調する強調構文を作ります。ser の時制は、現在または関係詞節内の動詞の時制と同じものになります。

⑨ Es en este cine donde vi mi primera película española.

← Vi mi primera película española en este cine.

私にとって初めてのスペイン映画を見たのはこの映画館だ。

⑩ Fue Félix { quien / el que } nos hizo cambiar de opinión.

← Félix nos hizo cambiar de opinión.

私たちに意見を変えさせたのはフェリクスだった。

関係代名詞

関係代名詞（pronombre relativo）の que, quien(es), cual(es) は、先行詞の有無と種類、前置詞の有無と種類、限定用法・説明用法などによって使い分けられます。que は、que だけで用いられる場合と定冠詞とともに用いられる場合があり、cual(es) は常に定冠詞とともに用いられます。また、cual(es) は関係詞の中で唯一強勢を持ちます。

先行詞がある場合、いずれの関係代名詞も可能ですが、もっとも一般的なのは que です。先行詞が〈人〉（①③）でも〈もの〉（②）でも、また、限定用法でも説明用法でも用いられます。ただし、関係詞節内の動詞と先行詞を結ぶのに前置詞が必要な場合には、〈定冠詞＋que〉となります（定冠詞は先行詞に性数一致）。なお、前置詞が直接目的語を示す a の場合には、③から分かるように a を省略することが一般的です。

① El amigo que me acaba de llamar se llama Marcos.
　　今私に電話してきた友人はマルコスという名前です。

② Estas son las razones por las que quiero ser médico.
　　これらが私が医者になりたい理由です。

③ La chica {que / a la que} has visto es una compañera mía del trabajo.
　　君が見かけた女性は私の仕事仲間の一人です。

なお、前置詞が a, con, de, en, por のいずれかで、限定用法、かつ先行詞が「定」の「事物」の場合、④で示したように定冠詞なしで〈前置詞＋que〉となる傾向があります（☞〈冠詞〉はじめに）。

④ Esta es la calle {en que / en la que} hicieron el desfile.
　　これはパレードが行われた通りです。

先行詞と関係詞節を結ぶのが⑤の mediante のように長めの前置詞（句）や副詞句の場合には、〈定冠詞＋que〉ではなく〈定冠詞＋cual(es)〉が好まれます。

⑤ Inmediatamente tomaron una medida, mediante la cual mejoró la situación.
　　ただちに措置が取られ、そのおかげで状況は改善した。

〈定冠詞＋ cual(es)〉は、⑤や⑥の例のように、主に説明用法で用いられます。同じく説明用法で用いられる que と比べると、話し言葉での使用はよりまれです。なお、限定用法で用いられるのは、前置詞（またはそれに相当する語句）を伴う場合に限られます。

⑥ Han contratado a dos empleadas nuevas, las cuales están haciendo muy bien su trabajo.

2人の新しい従業員が雇われたが、彼女たちはとてもいい仕事をしている。

先行詞が名詞ではなく文の場合、que と cual は中性の定冠詞を伴い、〈lo que〉〈lo cual〉として用いられます。〈lo cual〉のほうがより書き言葉的です。

⑦ Iván no ha venido, lo que significa que no quiere vernos.

イバンは来なかった、ということは私たちに会いたくないということだ。

先行詞が〈人〉のときにのみ可能な quien(es) は、主に説明用法（⑧）か独立用法（⑨）で用いられます。限定用法では、⑩のように前置詞を伴う場合にのみ可能です。quien(es) は書き言葉的で、話し言葉においては、独立用法および前置詞を伴う場合には〈定冠詞＋ que〉が、その他の場合には que が用いられるほうが一般的です。

⑧ Para el puesto eligieron a Julián, quien siempre ha aportado mucho a la empresa.　[Cf. ... que...]

そのポストにはフリアンが選ばれたが、彼は常に会社に貢献してきた。

⑨ Quienes estén interesados pueden contactarnos con este número.
[Cf. Los que...]

興味がおありの方はこの番号にご連絡ください。

⑩ Irene es una persona de quien te puedes fiar.　[Cf. ... de la que...]

イレネは信頼に足る人物です。

やはり書き言葉で主に使用される関係代名詞に cuanto/a/os/as があります。todo を伴うことが多く、話し言葉では、〈todo ＋定冠詞＋ que〉が代わりに用いられます。

⑪ El discurso conmovió a todos cuantos estaban allí presentes.
[Cf. ... todos los que...]

その演説はその場にいたすべての人の心を動かした。

関係副詞、関係形容詞

関係詞節において副詞の役割を果たす関係副詞（adverbio relativo）には、donde, adonde, como, cuando, cuanto があります。

donde と adonde は場所を表し、〈場所〉の意味を持つ名詞が先行詞となるか（①）、先行詞なしの独立用法（「～のところ」）（②）で用いられます。

① Fuimos en taxi hasta el hotel **donde** nos íbamos a alojar.

私たちは宿泊予定のホテルまでタクシーで行った。

② Hemos quedado **donde** vive Agustín.

私たちはアグスティンが住んでいるところで会うことにした。

関係詞節内の動詞と先行詞を結ぶのに前置詞が必要な場合には、donde の前に位置します（③）。前置詞が a の場合には、a donde という表記と adonde という表記があります。ただし、必要となる前置詞が en の場合には、省略されることも多く（④）、独立用法ではほぼ現れません。

③ Esta es la fisura por **donde** se escapa el gas. [Cf. El gas se escapa por...]

これがガスが漏れている裂け目だ。

④ Valencia es una región (en) **donde** se fabrica mucho calzado.

[Cf. Se fabrica mucho calzado en...]

バレンシアは製靴業の盛んな地方だ。

なお、donde は、話し言葉において⑤のように前置詞的に用いられ、「～の家で」「～のいるところで」といった意味を持つことがあります。

⑤ Nos vemos **donde** Gregorio.　グレゴリオのところで会おう。

como は〈様態〉や〈方法〉の意味を表す関係副詞です。したがって、先行詞には、modo, manera, forma などの名詞か（⑥）、tal, así といった副詞が現れます。独立用法では、「～の方法、仕方」のような意味になります（⑦）。先行詞ありの用法のとき、話し言葉では、代わりに〈en que〉が用いられる傾向があります。

⑥ No me gusta el modo **como** ve las cosas el Sr. Núñez. [Cf. ... en que...]

私はヌニェス氏のものの見方が好きではない。

⑦ Puede llamarme **como** le apetezca.

好きなように呼んでくださって結構です。

先行詞が〈時〉の意味を持つ名詞の場合には cuando が用いられますが、説明用法が主です（⑧）。限定用法の場合には、〈en（＋定冠詞）＋ que〉が好まれます。なお、先行詞がもともと前置詞 en なしで副詞として用いられる名詞の場合（día, semana など）、en も定冠詞も省略され、que だけになることもあります（⑨）。

⑧ Tuvieron que esperar hasta el año 1978, <u>cuando nació la Constitución</u>.

　　彼らは 1978 年、憲法が誕生する時まで待たなければならなかった。

⑨ Me enamoré de ti el mismo día <u>(en) que</u> te conocí.

　　知り合ったその日に君に恋をしました。

donde と同様に、前置詞的に用いられることがあります。

⑩ Tomás nació <u>cuando</u> la guerra.　　トマスは戦時中に生まれた。

〈できるだけ～〉の意味を表す関係副詞が cuanto です。書き言葉的であり、話し言葉では〈todo lo que〉が好まれます。先行詞を持ちません。

⑪ Hugo aguantó <u>cuanto pudo</u>.　　[Cf. ... todo lo que...]

　　ウゴはできるだけ耐えた。

関係詞節中で形容詞としてはたらくのが関係形容詞（adjetivo relativo）の cuyo と cuanto です。cuyo は〈所有〉の関係を表し、先行詞が所有者、後続する名詞が所有物を指します。⑫から分かるように cuyo は後続する名詞に性数一致し、名詞が複数あるときには最初の名詞に一致します。

⑫ Hemos tomado una decisión drástica <u>cuyas</u> consecuencias tenemos que asumir.

　　私たちは思い切った決断をしたのだから、その結果を受け止めなければならない。

一方、cuanto は〈すべての～〉という意味を表します。todo で意味を補強されることが多く、もっぱら書き言葉において用いられます。話し言葉では、〈todo ＋定冠詞＋名詞＋ que〉が一般的です。

⑬ Invitaron a todas <u>cuantas</u> personas quisieran participar.

　　[Cf. ... todas las personas que...]

　　彼らは参加希望者を全員招待した。

〈話　法〉

話法の種類

　別の人が行った発言を話し手が伝える際に、どのような形式を取るかが話法です。直接話法（estilo/discurso directo）と間接話法（estilo/discurso indirecto）の 2 つの他に、両者の混合のような自由間接話法（estilo/discurso indirecto libre）があります。ここでは、伝えられる発話の内容を伝達内容、それを伝える部分を伝達部と呼び、まずこの節では直接話法と自由間接話法について扱います。間接話法については次節以降で扱います。

　直接話法は、話し手が別の人の発言をそのまま引用する形式です。口頭では、伝達内容の直前に休止が置かれ、書記上は、コロン（dos puntos :）の後に伝達内容が置かれます。伝達内容は、①のように引用符（comillas « », " "。« » を優先的に使うことが推奨されています）、または②のようにダッシュ（raya —）で区切られ、話し手自身の発言である伝達部と区別されます。伝達部では、最も典型的には decir が用いられますが、③が示すように、発言者の発言の仕方を話し手がどのようにとらえるかによってその他の動詞も使われます。

① Entonces mi abuela me <u>dijo</u>: «Serás un gran cantante».

② Entonces mi abuela me <u>dijo</u>: —Serás un gran cantante.
　　その時祖母は私に「おまえはすごい歌手になるよ」と言った。

③ Julio <u>añadió</u>: «¿Cuándo puedo ir a veros?».
　　フリオは「いつ君たちに会いに行っていい？」と付け加えた。

伝達部は、上記の例のように文頭に位置するとは限らず、伝達内容の後に置かれたり（④）、間に割って入ったり（⑤）することもあります。これらの場合、伝達部では、〈動詞→主語〉の語順になります。

④ —Es que no sabía a quién consultar— <u>explicó Vicente</u>.
　　「だって誰に相談していいか分からなかったんだ」とビセンテは説明した。

⑤ —Por cierto— <u>murmuró ella</u>—, ¿quién habrá sido?

「ところで」と彼女はつぶやいた。「誰だったんだろう」

なお、書記上、引用部分を囲む前後のダッシュは、それぞれ発言における最初と最後の語との間にスペースを置かずに書かれます。

発言部分を引用符で囲む場合、これまでの例で分かるように、平叙文であれば、ピリオドは閉じる引用符の外にだけ置き、発言そのものには付けません。発言が疑問文や感嘆文の場合には、引用部分に疑問符または感嘆符が付き、さらに引用符で閉じた後にピリオドが置かれます。

自由間接話法は、伝達内容を表す文の時制や人称は間接話法の原則に従うものの（☞〈話法〉間接話法 1、間接話法 2）、伝達動詞が存在しなかったり、存在しても形式的に結び付きがないものを指します。文学作品において登場人物の心理描写をするのによく用いられる形式です。実際には発言そのものというよりも、心の中で思ったり考えたりした内容を示すということが多くあります。

⑥ **Emilio no se atrevió a decirle nada. <u>Se guardaría sus sentimientos para no confundirla.</u>**

> エミリオは彼女に何も言うことができなかった。彼女を混乱させないように自分の気持ちを黙っておこう。

⑥の例では、下線部がエミリオの心の中での発言にあたります。たとえば pensar を使って直接話法と間接話法で表すとすれば、それぞれ次のようになるでしょう。

［直接話法］

⑦ **Pensó: «Me guardaré mis sentimientos para no confundirla».**

［間接話法］

⑧ **Pensó que se guardaría sus sentimientos para no confundirla.**

間接話法 1（人称・指示詞ほか）

　間接話法は、ある発言を話し手の言葉に直して伝達する形式です。発言を話し手の視点からとらえ直すことになるため、伝達内容の人称、時制、指示詞などが影響を受けます。この節では人称と指示詞ほかについて見ましょう。

　伝達部の動詞と伝達内容を結ぶ接続詞は、伝達内容の文の種類によって異なります（☞〈内容による種類〉）。まず、伝達部に用いられる動詞で最も典型的なものは、平叙文、感嘆文、命令文の場合には decir（①②）、疑問文の場合には preguntar（③）です。ただし、話し手がどのように伝達内容となる発言を表すかによってその他の動詞も使われます（④）。

　伝達部と伝達内容は、平叙文と命令文の場合には、接続詞 que によって接続されます（①②）。なお、命令文の場合には、伝達内容の動詞は接続法を取ります（②）。疑問文では、疑問詞のない疑問文であれば si が用いられますが（③）、疑問詞のある疑問文では接続詞は用いられません。同様に、感嘆文でも接続詞は使われません（④）。ただし、話し言葉では、疑問文や感嘆文でも que が挿入されること（③④）が多々あります（☞〈内容による種類〉疑問文）。

① **Laura dijo que Antonio no le caía muy bien.** ［平叙文］
　ラウラはアントニオは苦手だと言った。

② **Mi madre me ha dicho que me quede en casa.** ［命令文］
　母は私に家にいるようにと言った。

③ **Le preguntaron a Jaime (que) si quería ir con ellos.** ［疑問文］
　彼らはハイメに一緒に行きたいか訊いた。

④ **Gloria repitió (que) cómo le gustaba la canción.** ［感嘆文］
　グロリアはどれほどその曲が好きか繰り返した。

　間接話法では、伝達内容の人称が話し手から見たものになります。したがって、伝達内容が 1 人称の場合は 3 人称に、2 人称の場合は、(1)それが話し手を指すなら 1 人称、(2)聞き手を指すならそのまま 2 人称、(3)第三者を指すなら 3 人称となり、もともと 3 人称の場合はそのままです。

⑤ Héctor me dijo: "Quiero hablar contigo en mi despacho".

→ Héctor me dijo que quería hablar conmigo en su despacho.

エクトルは私と彼のオフィスで話したいと言った。

⑥ Elena le preguntó a José: "¿A qué hora llegarán tus padres?".

→ Elena le preguntó a José a qué hora llegarían sus padres.

エレナはホセに何時に彼の両親が到着するのか訊いた。

　また、指示詞、時を表す表現、場所を表す表現、移動を表す動詞も同様に話し手が基準となるため、直接話法のものとは異なる場合があります。este が ese や aquel、mañana が al día siguiente、ayer が el día anterior、la semana pasada が la semana anterior、aquí が allí、venir が ir になるなどの原則がありますが、実際には、発話時と伝達内容の時間関係、話し手と伝達内容の発言者の位置関係によって決まり、すべてが固定したものではありません。

⑦ Rosa me preguntó: "¿Vas a traerme el libro mañana?".

→ Rosa me preguntó si iba a llevarle el libro al día siguiente.

私はロサに本を翌日持って行くかどうか訊かれた。

⑧ Javi dijo: "Ahora no me acuerdo de qué hacía hace un año".

→ Javi dijo que entonces no se acordaba de qué hacía un año antes.

ハビはその1年前に何をしていたかその時は覚えていないと言った。

⑨ Pili dijo: "No podré estar aquí esta tarde".

→ Pili dijo que no podría estar allí aquella tarde.

ピリはその日の午後そこにいられないと言った。

　⑦の例では、もしロサの発言が昨日のことであれば、mañana は hoy になり、ロサが発言したのと同じ場所に話し手がいる場合には、llevar ではなく traer のままになります。⑧では、entonces 以外に en ese momento や en aquel momento が用いられることもあります。同様に⑨でも、aquella tarde ではなく esa tarde も可能であり、もし発話時と同じ日のことであれば、esta tarde のままになります。また、ピリが発言した場所に話し手がいるのであれば aquí のままです。

間接話法 2（時制）

間接話法では、伝達部の動詞と伝達内容の動詞との間に、いわゆる時制の一致という原則がはたらきます。まず、伝達部の時制が「現在」に属するもの、つまり、現在、現在完了、未来、未来完了、もしくは命令形の場合には、伝達内容の動詞は発言のままの時制です（☞〈法・時制・アスペクト〉時制1）。

Jorge {dice / ha dicho / dirá / habrá dicho}: "Conozco bien a Marta".

→ Jorge {dice / ha dicho / dirá / habrá dicho} que conoce bien a Marta.

ホルヘはマルタのことをよく知っていると {言っている／言った／言うだろう／言っただろう}。

一方、伝達部の時制が「過去」に属するもの、すなわち、点過去、線過去、過去完了、過去未来、過去未来完了の場合には、時制の一致を受け、伝達内容の動詞の時制は1つ過去にずれます。現在は線過去に、現在完了は過去完了に、未来は過去未来に、未来完了は過去未来完了になります。点過去は過去完了になりますが、文脈から時間の前後関係が明らかな場合には、点過去のままのほうが普通です。命令形は接続法過去になります。接続法の場合には、現在が過去に、現在完了が過去完了になります。

Rafa me dijo: "Me pasaré a verte en cuanto pueda".

→ Rafa me dijo que se pasaría a verme en cuanto pudiera.

ラファはできるだけ早く会いに寄るよと私に言った。

Nacho nos preguntó: "¿Por qué no estuvisteis en la fiesta?".

→ Nacho nos preguntó por qué no {habíamos estado / estuvimos} en la fiesta.

ナチョは私たちにどうしてパーティーにいなかったのか訊いた。

Nicolás le dijo a Ana: "Vete, que ya no quiero verte".

→ Nicolás le dijo a Ana que se fuera, que ya no quería verla.

ニコラスはアナにもう顔を見たくないから出て行ってくれと言った。

伝達内容の時制が、直説法の線過去、過去完了、過去未来、過去未来完了の場合、そして接続法の過去完了の場合、そのままで変化しません。接続法の過去の場合は、伝達部の時制と同時または後であればそのまま、前で

あれば過去完了になります。

Mi padre <u>decía</u>: "<u>Leía</u> más cuando <u>era</u> joven".

→ Mi padre decía que <u>leía</u> más cuando <u>era</u> joven.

父は若い頃もっと本を読んだものだと言っていた。

Raúl <u>dijo</u>: "Me <u>gustaría</u> ser como mi tío Dani".

→ Raúl dijo que le <u>gustaría</u> ser como su tío Dani.

ラウルはダニおじさんのようになりたいと言った。

Juan <u>dijo</u>: "Tal vez no <u>conocieran</u> a David entonces".

→ Juan dijo que tal vez no <u>conocieran</u> a David entonces.

彼らは当時ダビを知らなかったのかもしれないとフアンは言った。

なお、上記の原則に従わない場合もあります。伝達内容が、非現実的条件文の場合（☞〈条件の表現〉非現実的条件文）や、一般的真理やことわざなどの場合、時制の一致は起こりません。

Manuela <u>dijo</u>: "Si <u>tuviera</u> que elegir, me quedaría con Luis".

→ Manuela dijo que si <u>tuviera</u> que elegir, se <u>quedaría</u> con Luis.

マヌエラはもし選ばなければならないならルイスを選ぶと言った。

Mi madre siempre <u>decía</u>: "No <u>hay</u> mal que por bien no <u>venga</u>".

→ Mi madre siempre decía que no <u>hay</u> mal que por bien no <u>venga</u>.

母は「禍福はあざなえる縄のごとし」といつも言っていた。

また、伝達部の動詞が婉曲的な用法の過去未来の場合もそのままです。

Jesús <u>diría</u>: "No <u>debemos</u> arriesgarnos".

→ Jesús diría que no <u>debemos</u> arriesgarnos.

ヘススは私たちはリスクを冒すべきではないと言うだろう。

なお、話し言葉では、伝達内容が発話時にもあてはまる場合、時制の一致が起こらないことがよくあります。以下の例は、話し手がカルメンの発言を伝える時点でまだ息子が5歳であれば可能です。

Carmen <u>dijo</u>: "Mi hijo solo <u>tiene</u> cinco años".

→ Carmen dijo que su hijo solo <u>tiene</u> cinco años.

カルメンは息子はたった5歳だと言った。

〈分詞構文〉

2つの文を結び付けるとき、接続詞を介さず、一方の文の動詞を現在分詞や過去分詞にすることで、もう一方の文に副詞的に従属させるという構文が分詞構文です。接続詞で結び付く場合に各々の接続詞が表す「条件」「理由」「譲歩」「時」「様態」といった意味は、分詞構文では文脈から解釈されます。主に書き言葉で用いられます。

従属節が主節と時間的に「同時」の事柄を指す場合、現在分詞を用います（☞〈動詞の非人称形〉現在分詞）。

① <u>Teniendo</u> en cuenta su situación, es comprensible su comportamiento del otro día.

彼の置かれた状況を考慮すると、先日の彼の振る舞いは理解できる。

② No sé cómo aguanta Paula, <u>estando</u> tan atareada.

あんなに仕事を抱えているのに、パウラはどうやって持ちこたえているんだろう。

現在分詞になる動詞が目的格人称代名詞や再帰代名詞を伴う場合には、現在分詞の直後に位置します。①の例文は以下の③のようになります。

③ <u>Teniéndola</u> en cuenta, es comprensible su comportamiento del otro día.

上述のように、2つの文の意味関係は文脈に依存するので、④の aun のように、意味を明示・補強する語を添えることがあります。

④ <u>Aun</u> <u>llevando</u> una vida normal, Arturo ya no podía ocultar el deterioro físico.

普通の生活をしてはいたものの、アルトゥロはもはや肉体的衰えを隠すことはできなかった。

ここまでの例文から分かるように、無主語文を除いては（☞〈構造による種類〉無主語文）、従属節の主語は主節のものと同じです。主節と異なる主語の場合には、現在分詞の後に置いて明示します。

⑤ <u>Estando</u> <u>ella</u> con vosotros, podéis estar tranquilos.

彼女が一緒にいてくれれば、君たちは安心していられるよ。

現在分詞の分詞構文には複合形〈habiendo＋過去分詞〉もあります。

この場合、主節の表す時間にすでに完了している事柄を表します。

⑥ Habiendo aprendido español, no me costó tanto aprender portugués.
　スペイン語を学んだことがあったので、ポルトガル語を学ぶのはそれほど苦
　労しなかった。

　一方、過去分詞の分詞構文では（☞〈動詞の非人称形〉過去分詞）、主節
に対する従属節の時間的な関係は「完了」です。⑦では、「cansarse うんざ
りする」という気持ちの変化はインタビュー時には完了しています。

⑦ Cansada de las mismas preguntas de siempre, Ana no abrió la
　boca en toda la entrevista.
　　いつもの同じ質問にうんざりで、アナはインタビュー中口を利かなかった。

　過去分詞となる動詞が主節とは異なる独自の主語を持つ場合があります。
その場合、過去分詞に後置され、過去分詞はその主語と性数一致します。

⑧ Terminada la clase, todos los alumnos fueron al comedor.
　　授業が終わると、生徒たちはみんな食堂に行った。

他動詞が過去分詞となる場合には、本来の直接目的語である名詞が主語と
なる「受身」の主語を伴います。

⑨ Preparada la maleta para el día siguiente, salimos del hotel para
　cenar.
　　翌日に向けての荷作りが終わると、私たちはホテルを出て夕食に出かけた。

una vez や ya などを添えて、完了の意味を補強することがあります。

⑩ Una vez expedido el billete, no se admiten cambios.
　　発券後は変更できません。

　現在分詞の複合形も「完了」を表しますが、過去分詞の場合との違いは、
現在分詞では動作主が想定されるのに対して、過去分詞ではそれが存在
しないという点です。⑨の例を現在分詞の複合形にした⑪では、preparar
したのは salimos の主語と同じ nosotros であると理解されますが、過去
分詞の構文では、preparar の主語は受身の主語である la maleta であり、
preparar という行為を行った人物は明示されません。

⑪ Habiendo preparado la maleta para el día siguiente, salimos del
　hotel para cenar.

第4章：歴史と地域差

　最後になるこの章では、スペイン語の歴史と地域差について簡単に扱います。スペイン語の歴史を知ることは、スペイン語の学習そのものには直接結び付かないように思うかもしれません。しかし、たとえば普段のスペイン語学習において単に決まったものとして覚えているようなことが、歴史的にどのような経緯でそうなるに至ったのかを知って納得できれば、より学習を進めやすくなることが期待できます。そして、スペイン語がこれまでたどってきた道のりをざっとなぞり、その各時代にスペイン語を使って生活していた人々に思いをはせると、また別の角度からスペイン語に向き合うことができるのではないでしょうか。

　また、スペイン語は非常に広い範囲で用いられている言語です。学習の初期の段階から、発音や語彙に見られる地域差が気になっていた方も多いと思います。スペイン語学習者がスペイン語圏のスペイン語をすべて網羅的に知ろうとすることは、その必要もありませんしそもそも不可能ですが、スペイン語の魅力が共通性と多様性にあるということは確かですから、代表的な違いにだけでも触れておくことは大変意味のあることです。また、自分の学んでいるスペイン語が、この広いスペイン語圏で用いられているスペイン語のどのタイプにあたるのかを知っていることも重要です。そういう点に意識を向けることで、より「生の」スペイン語を楽しむことができるようになるでしょう。

1 スペイン語の歴史

① 先ラテン語期・ラテン語期（〜7世紀）

　スペイン語はラテン語を起源とするいわゆるロマンス諸語のひとつです。ローマ人の言語だったラテン語は、紀元前3世紀にローマ軍の進出によってイベリア半島に入り、その後ローマ帝国による支配の強化とともに時間をかけて半島各地に広がっていったとされています。

　ローマ化以前、アフリカとヨーロッパが交差するイベリア半島にはさまざまな先住民族が住み、多くの民族が行き来していたと考えられます。今日この地域を指す名称のうち、「イベリア」（Iberia）はギリシャ人が、「ヒスパニア」「イスパニア」（Hispania）はローマ人が用いていたものです。イベリア半島の先住民族は、印欧系言語を用いていたものと非印欧系言語を用いていたものの2つに大きく分けられます。前者には、内陸から北西部にかけて勢力をもっていたケルト族、後者には、地中海沿岸の南東部を中心に居住していたイベリア族、ピレネー山脈地域のバスク族があり、ケルト族とイベリア族が混じり合って生まれたケルトイベリア族が、現在のスペイン人の人種上のもととなっていると考えられています。現在のスペイン語に見られる先住民族の話していた言語の影響は、主に語彙において観察されます。

　イベリア半島に入ったラテン語は次第に普及していきますが、ローマ帝国内で規範として確立し、書き言葉として均質性を保っていたもの（古典ラテン語）と、人々が日常的に話し言葉としていたもの（俗ラテン語）との間には大きな乖離があったようです。特に、5世紀に西ローマ帝国が滅亡すると、均質性を保とうとする力がはたらかなくなり、旧帝国内のそれぞれの地域で、俗ラテン語が独自の変化を遂げていきます。その結果が、現在のヨーロッパに存在するロマンス諸語である、スペイン語、フランス語、イタリア語、ポルトガル語、ルーマニア語などです。

　西ローマ帝国の滅亡の原因となったのはゲルマン民族の進出ですが、イベリア半島でもその1つである西ゴート人の支配が5世紀に始まりまし

た。8世紀初頭まで続いた支配ですが、文化的にはむしろ被支配者である
ローマ側に同化したため、ゲルマン系であるゴート語の影響は、人名など
ほぼ語彙面に限られます。

② 初期ロマンス語期（8世紀〜12世紀）

　711年、北アフリカのイスラム教徒がイベリア半島に侵入し、西ゴート
王国の首都トレドを陥落させた後、短い期間で北部を除くほぼすべての土
地を占領するに至ります。このイスラム支配を言語の面から観察すると、
圧倒的に高度な文明がもたらされたことから生じた語彙への影響がとり
わけ挙げられます。ヨーロッパには存在していなかった物や概念を指すの
にアラビア語から多くの語彙が借用され、その数はスペイン語では4000
語を超えるとされています。その際、アラビア語が日常的に使用されてい
たイベリア半島では、名詞に定冠詞がついた形で取り入れられたのに対し
（例：砂糖　スペイン語 azúcar ポルトガル語 açúcar）、その他の地域では書
き言葉のアラビア語から取り入れられたために冠詞なしの形が見られる
（フランス語 sucre イタリア語 zucchero）という興味深い現象もあります。
　イスラム勢力の侵入でキリスト教徒は半島北部アストゥリアス地方の
山岳地帯に一旦追いやられましたが、すぐに抵抗勢力として動き出しま
す。アストゥリアス王国から始まったこのレコンキスタ（Reconquista）
と呼ばれる国土回復運動は、最終的には1492年まで続きますが、その運
動の進展の過程にはさまざまな王国・伯爵領などが登場します。初期に中
心となったのはレオン王国、ナバラ王国ですが、その後、諸王国の併合・
独立・分裂を経て、キリスト教徒が軍事的に優位に立つ12世紀には、ポ
ルトガル王国、カスティーリャ王国、アラゴン王国が中心となります。こ
のような政治状況を背景とした地理的分布がその後のイベリア半島の言
語・方言分布に大きな影響を与えることになりました。この頃イベリア半
島で作られていたものを挙げると、半島北部では、すべて俗ラテン語を
基とするロマンス諸語である、西部のガリシア・ポルトガル語（gallego-
portugués）、中部のアストゥリアス・レオン語（astur-leonés）、カスティーリャ

語（castellano）、ナバラ・アラゴン語（navarro-aragonés）、東部のカタルーニャ語（catalán）があります。一方、イスラム教徒の支配力が強くアラビア語とロマンス語が共存していた半島南部では、モサラベ語（mozárabe）というアラビア語の影響を強く受けた方言が用いられていました。

　レコンキスタの進展に伴い、政治的・軍事的に力を得たのはカスティーリャでした。現在スペイン語としての地位を確立しているカスティーリャ語は、その地域で話されていた言語がもとになっていますが、他と比べてより革新的な変化に基づく言語的特徴を持つとされています。その原因は、北部カンタブリア地方を発祥とするという地理的要因からローマ化が遅くラテン語の定着がもともと比較的緩かったこと、レコンキスタの最前線であったために人口の流入が激しかったこと、また中央部に位置するために周辺地域の言語的特徴が混ざり合いやすかったことにあると考えられています。具体例としては、俗ラテン語の fumu(m)（煙）がカスティーリャ語で humo となったように、ラテン語の語頭の f- が、カスティーリャ語では h- となったこと（この時代には喉で空気が摩擦する音［h］で発音され、その後無音化）、同じく俗ラテン語の octo（8）が ocho となったように、語中の -ct- が -ch- となったこと、といった現象が挙げられます。

　このようにイベリア半島のロマンス諸語が形作られていく間も、文書で用いられるのはラテン語でした。そんな中、書かれた形で残っている最古のロマンス語は、10 世紀後半または 11 世紀初頭のものとされる、『サン・ミリャン註解』（*Glosas Emilianenses*）です。これは当時のナバラ王国にあった修道院で見つかったもので、修道僧がラテン語の宗教文書の本文の余白や行間に普段用いていた日常語でメモを残したものです。単語の注釈だけではなく、祈りの文言が完全な形で記されており、教養人でさえ苦労するほどに文書におけるラテン語と日常語であるロマンス語がもはやかけ離れていた証拠であると同時に、当時用いられていたロマンス語をまとまった形で観察できる貴重な資料となっています。なお、このロマンス語は厳密にはナバラ・アラゴン地方で話されていた方言だとされています。そして、12 世紀後半に書かれたとする説が有力な叙事詩『わがシッドの歌』（*Cantar de Mio Cid*）がカスティーリャ語による最初の文学作品です。

③ 中世（13 世紀〜 15 世紀）

　進行するレコンキスタとそれに伴うイベリア半島の勢力図の変遷において中心となったカスティーリャ王国の言語であるカスティーリャ語は、これまでのラテン語に取って代わり、公文書などにも用いられるようになりました。ここで大きな役割を果たしたのが、賢王と呼ばれたアルフォンソ 10 世です。公文書におけるラテン語の使用を廃止しもっぱらカスティーリャ語にしたことで綴り字が次第に整備され、ある程度定まった正書法ができました。また文章語として必要な語彙がギリシャ語やラテン語から取り入れられたり、派生語として生まれたりしました。このように、話し言葉としてだけではなく、書き言葉として学術、文学で多くの著作に用いられることで規範を確立していくカスティーリャ語の威信はますます大きくなっていきます。カスティーリャの言語としてではなくスペインの言語、つまりスペイン語として認識されるのもこの時代のことです。

　文章語としての使用が定着したことで現存する資料が多くあり、かなり詳しく当時の言語を観察できるのもこの時代からです。音声資料は当然ながら残っていませんが、綴りなどから当時のスペイン語の音声が推測されています。それによると、母音に関してはすでに現在と同じ 5 母音（a, e, i, o, u）の体系になっている一方、子音では現在よりも多くの音素が存在していました。特に顕著なのは、歯擦音と呼ばれる、歯や歯茎と舌の前部で摩擦が起こる音に関して、現在にはないものが存在したり、有声音と無声音の対立があったりしたということです。いずれも現在のスペイン語にはない /ts/ と /dz/、/ʃ/ と /ʒ/ の無声音・有声音のペア、現在は無声音 /s/ だけが残った /s/ と /z/ のペアなど、狭い調音範囲に多くの音が存在していました。また、上下の唇を近付けて摩擦を起こす音で有声音の /β/（綴り上は v や u）が存在し、両唇を閉じて発音する /b/ と区別されていたようです。

　形態面を見ると、名詞と形容詞に関しては、ラテン語にあった格の変化がなくなり、現在と同様、性と数の区別だけをするようになりました。この際、多くの場合にラテン語の対格の形が残りました。また、ラテン語にあった中性名詞もすでに消失し、現在と同じ男性名詞・女性名詞だけに

なっています。

　定冠詞、人称代名詞の体系が整ったのもこの頃です。ラテン語には存在しなかった定冠詞は、ラテン語の指示代名詞 ille から生まれました。現在の女性単数形 la は対格 illam からできましたが、変化の過程には ela, el という形も存在しました。現在 el agua のように強勢のある a-（ha-）で始まる女性単数名詞に el が用いられるのはこの名残りです。人称代名詞に関しては、それまで存在しなかった3人称の人称代名詞が、強勢形、無強勢形ともに、やはりラテン語の指示代名詞 ille から生じました。無強勢形については、活用した動詞の最後に付加されることがあるなど（fabláronle 彼らは彼に話した）、現在の語順規則とは異なる形が存在していました。ところで、無強勢形で間接目的格と直接目的格が並ぶ場合、現在では se lo というように間接目的格が se となりますが、この頃は ge で、再帰の se と形式上区別されていました。また、1・2人称複数形の強勢形では、これまでの nos と vos に「複数」の意味を強化する otros が付加され、nosotros, vosotros という形が現れました。

　動詞に目を向けると、ラテン語にあった4つの活用型が、いわゆる ar 動詞、er 動詞、ir 動詞の3つに整理されました。そして、多くの時制の活用において現代につながる活用形の特徴がすでに見られます。未来形と過去未来形はこの頃に新しく生まれたもので、不定詞に動詞 aver（現在の haber）の現在形、線過去形がそれぞれ付加された形です。また、現在の〈haber ＋過去分詞〉に相当する複合形もこの時期に誕生しました。ただし、初期には動詞によっては〈ser ＋過去分詞〉となる場合もありました。動詞に関してもう1つ挙げられるのは、現在のスペイン語ではもっぱら接続法過去として用いられる -ra 形が、当時は語源的な機能を維持し、直説法過去完了として使われていたということです。

　カトリック両王治世下の15世紀末のスペインは、グラナダ陥落によるレコンキスタの完了、ユダヤ人の追放など歴史的に大きな転換期を迎えます。そこに登場したのが、ネブリハ（Nebrija）による『カスティーリャ語文法』（*Gramática de la lengua castellana*）です。イサベル女王に捧げられたこのロマンス語で初の文法書は、スペイン語が、ギリシャ語やラテン

語がそうであったように、国家の覇権に寄りそうものとしてあるべきだという考えのもとに著されたものですが、それ以降のスペイン語研究の先駆けとなる、スペイン語史において非常に重要な作品です。

④ 黄金世紀（16世紀〜17世紀）

　15世紀末に起こった数々の重要な出来事に続くこの時期は、栄光と没落の時代と言えるでしょう。文学や演劇においては、『ドン・キホーテ』を代表とする不朽の名作が数々生み出されて「黄金世紀」と呼ばれ、政治的にも、アメリカ大陸の植民地化などによって「日の沈むことのない」領土を得たスペインの国際的な地位は強大なものになります。しかし、16世紀後半には、これまでの経済的・内政的問題が表面化し、無敵艦隊の敗北が象徴するように、一気に国際舞台から降りることになりました。

　スペイン語に目を向けてみれば、「黄金世紀」の表現手段として活用され、また国際政治上も重要視されたことで、国内外で尊重される言語となりました。それに伴い、スペイン語の文法研究も盛んになりました。言語としてのスペイン語は中世に大枠が定まったと言えますが、複数の異形が混在するなど、規範という点において不安定さもありました。この黄金世紀というのはその調整が進んだ時期にあたります。

　中世から、近代、現代への移行期にあたるこの時期には、音声面において非常に重要な変化が生じました。特筆すべきは、前節で述べた歯擦音の系列に起こったもので、その結果は現在のスペイン語の主要な方言の特徴へと引き継がれています。/ts/ と /dz/、/ʃ/ と /ʒ/、/s/ と /z/ という無声音と有声音のペアは、それぞれ有声音が無声音化した結果、無声音だけが残りました。続いて、破擦音（閉鎖の後に摩擦が起こる音）/ts/ では、閉鎖の部分がなくなって摩擦音となり、その後さらに調音位置が前に移り、現在のスペインの大部分で聞かれる cena の c にあたる音（/θ/）に変化しました。その結果として、/s/ と調音位置に関して大きく区別されることになりました。一方、イベリア半島南部では、この変化が起こらなかったため、seseo と呼ばれる、caza の z と casa の s を区別せずどちらも［s］で発音

するという状況が生まれ、それがイスパノアメリカにもたらされました。半島南部でも特に南の地域（カディスやマラガの大部分など）では逆に /s/ が /θ/ に同化するという変化が起こり、その現象は ceceo と呼ばれます。

　一方、硬口蓋で発音されていた /ʃ/ は、調音位置が逆に後ろに移動し、半島の北部では現在の Japón の j のように軟口蓋（[x]）で、南部では声門（[h]）で発音されるようになりました。以上の変化の結果として、狭い調音位置に集まっていた 6 つの音が、互いに調音位置のより離れた 3 つ（ないしは 2 つ）の音に整理されたということになります。

　また、この時代には、すでに述べた /β/ と /b/ の区別がなくなって 1 つの音素 /b/ に収斂し、気音化していたラテン語の語頭の f- は、いくつかの場合を除いて無音化し、発音されないようになっていたと考えられています。

　形態面に目を向けると、前節で触れた、無強勢形の間接目的格と直接目的格が並ぶ場合に間接目的格が ge となる現象は、さきほど述べた歯擦音体系の変化と再帰代名詞 se との混同が影響し、結果として現在のような se という代名詞の形式になりました。

　強勢形の人称代名詞では、この時期に usted という形が誕生し普及していったというのが重要な変化です。もともと 2 人称単数には tú、複数には vos という代名詞がありました。この vos には単数の相手であっても身分の高い場合には敬称として用いられるという用法がありましたが、頻用された結果その機能が薄れ、別の敬称が生まれることになりました。その中のひとつが vuestra merced で、音声変化を経て 16 世紀後半には usted という形に変わります。現在聞き手を指すにもかかわらず 3 人称として扱われるのはこの語源によるものです。なお、スペインではその後 vos が消えて tú と usted が残り、その変化がスペインとの関係が密接であったイスパノアメリカの地域（メキシコやペルー、カリブ海地域など）にも及んだ一方で、その他の地域（ラプラタ地域など）では反対に vos ではなく tú が消滅し、現在 voseo と呼ばれる vos と usted を使用する体系が定着しました。複数を指す代名詞に関しては、中世に生まれた nosotros, vosotros という形が、nos, vos との競合を経たのちに主流となりました。

　続いて、統語的な変化では、この時代以前には複合時制に用いられる

助動詞として ser と haber の間で揺れがあったものが、この頃には haber の使用が圧倒的となりました。この変化には、haber が有していた所有の意味をもっぱら tener が担うようになり、haber の助動詞としての役割が大きくなったことが関連しています。同様に、機能分担があいまいであった ser と estar の現在のような使い分けが定着したのもこの頃のことです。

　同じく動詞に関してですが、前節で語源的な直説法過去完了としての用法が主であったと述べた動詞の -ra 形は、その後、接続法過去完了、接続法過去へとその機能を変えていき、この時代に現在使われる接続法過去としての用法を固めました。ここで本来の接続法の活用であった -se 形と合流したと言うことができます。

　語彙の面では、この時代にはアメリカ大陸の先住民言語から多くの語彙が流入したということが特記できます。これらの多くは定着し、他のヨーロッパの言語にも取り入れられました（chocolate チョコレート、canoa カヌー、barbacoa バーベキュー、など）。

⑤ 近代・現代（18 世紀〜）

　経済の破綻と敗戦を被ったスペインは、いつのまにかヨーロッパ諸国の中で遅れを取る立場になっていました。そんな中、フランス王室のブルボン家がスペインを統治するようになっていたこともあって、特にフランスの文化を礼賛し、その影響を強く受ける時代となります。特に言語に関連するのは、1713 年のスペイン王立アカデミア（Real Academia Española）の設立で、これはすでにフランスにあった同様の機関に倣ったものでした。スペイン語の規範を定め、変化していく言語の分裂を回避することを目的とし、そのために、辞書、正書法辞典、文法書が出版されました。特に正書法辞典は、子音体系に起こった大きな変化によって混乱していた綴り字を整理するのに、語源を尊重しながらも合理的な方法が取られた画期的なものであったと評価されています。

　文法面においてこの頃のスペイン語に観察されるのは、直接目的語が特定された人の場合に前置詞 a を用いる用法が規範とされたこと、これまで

不安定だった無強勢代名詞の位置について、動詞に前置される場合と後置される場合とを決定する条件が固定されたことなどです。

この時代の語彙面での特徴は、上述したような人文科学、自然科学の面での新しい動きに呼応して、それを表現する語彙が必要となり、フランス語から大量の借用語が取り入れられたことです。なお、20世紀には英語から借用される語彙が増えたことがやはり象徴的です。

19世紀になると、イスパノアメリカ諸国が次々と独立を果たし、残ったスペインの植民地も米西戦争（1898年）の結果アメリカ合衆国のものとなりました。この当時より大きな広がりを見せた現象は、本来は区別されていた llave のように ll で表される音と mayo のように y で表される音の区別がされなくなり合流したことです。この変化はその後も進み、現在ではスペイン語圏全体で区別を保っている地域のほうが少数派であると言われています。

20世紀になると、スペインでは1936年に勃発した内戦の結果によるフランコ体制が1975年まで続きます。その間フランコは強い中央集権体制を敷き、スペイン語を唯一の国家の言語であると見なしました。そのため、バスク語やカタルーニャ語、ガリシア語はその使用を厳しく制限されました。フランコ死後、1978年に成立した民主憲法では、国家の公用語はスペイン語でありすべての国民がそれを学ぶ義務とそれを用いる権利を有するとする一方で、自治州により独自の公用語を設けることを認めました。ロマンス諸語としてイベリア半島で発展してきた言語がそれぞれの公的な地位を規定されたことになります。そしてこの憲法は、スペインの言語的多様性は文化的財産であり尊重と保護の対象であると謳っています。

1951年には、スペイン語アカデミア連盟（Asociación de Academias de la Lengua Española）が結成され、長い間存在したスペイン語におけるスペイン中心主義から脱する機運が高まりました。現在では、汎スペイン語圏主義が主流となっており、スペインのスペイン語が唯一の標準であるとする考え方はされないようになっています。

2 スペイン語の地域差

スペイン語は、ヨーロッパ（スペイン）、南北アメリカ（アメリカ合衆国、メキシコ、グアテマラ、エルサルバドル、ホンジュラス、ニカラグア、コスタリカ、パナマ、キューバ、ドミニカ共和国、プエルトリコ、ベネズエラ、コロンビア、エクアドル、ペルー、ボリビア、チリ、パラグアイ、アルゼンチン、ウルグアイ）、アジア（フィリピン）、アフリカ（赤道ギニア）と広範囲にわたって分布し、20を超える国と地域で使用されています。地理的広がりの割には統一性が高いと言われるスペイン語ですが、当然のことながら多様性もはらんでいます。特徴を共有するものでまとめ、以下のような地域区分がされることがあります。

・スペインと赤道ギニア
・カリブ海地域（キューバ、ドミニカ共和国など）
・北米・中米地域（メキシコ、グアテマラなど）
・南米北部地域（コロンビア、ベネズエラなど）
・アンデス地域（ペルー、ボリビアなど）
・ラプラタ地域（アルゼンチン、ウルグアイなど）

地図ではスペイン語を
公用語としている国・地域を
色付けして示しています。

ここでは、これらの地域区分ごとではなく、いくつかの言語的特徴を手掛かりにしてスペイン語圏の地域差を見ていくことにしましょう。まずは文法的特徴からです。

2 人称代名詞

　複数の聞き手を指すのに親称の vosotros と敬称の ustedes を使い分けるのはスペインのスペイン語の特徴です。その他の地域では区別せずに ustedes だけを使用します。したがって、vosotros に対応する動詞の活用形もありません。なお、スペインでも西アンダルシア地方とカナリア諸島では vosotros を用いませんが、ustedes に対応する動詞活用が ustedes のものだけではなく vosotros のものであることもあるという違いがあります（イスパノアメリカ：ustedes trabajan ／スペイン南部：ustedes trabajan / trabajáis）。

　また、単数の聞き手に対する代名詞にも地域差があり、tú を使う地域と vos を使う地域があります（☞〈格〉主格、1　スペイン語の歴史 ④黄金世紀）。voseo と呼ばれる後者の代表はアルゼンチンなどのラプラタ地域で、vos は主格と前置詞格で用いられ、無強勢形では te が、所有詞は tu/tuyo が使用されます。また、tú と vos が共存して使い分けられている地域もあり（チリ、コロンビアなど）、その場合、単数の聞き手に対して tú, vos, usted の 3 つの形式が存在していることになります。

直接目的格人称代名詞

　3 人称の男性が〈もの〉ではなく〈人〉を指し、それを直接目的格の人称代名詞で示す場合に、lo/los ではなく le/les を用いることがありますが、これはスペインの中央部・北部において一般的な用法です（<u>Le</u> necesito. 私は彼が必要だ／<u>Lo</u> necesito. 私はそれが必要だ）（☞〈格〉目的格 1）。また地域によっては、女性の場合でも le/les を用いることがあります。これらの用法は leísmo と呼ばれます。またスペインには、より限定的ですが、

間接目的格の人称代名詞として le/les ではなく lo/los（loísmo）や la/las（laísmo）を用いる地域も存在します（La gusta la cerveza. 彼女はビールが好きだ）。ちなみに、これらの用法で規範的に認められているのは、上で挙げた例のうち直接目的格が人間の男性単数の場合の le の使用だけです。スペインのその他の地域やイスパノアメリカ（パラグアイなど一部を除く）では、直接目的格の人称代名詞としては語源的な lo/los が用いられます（Lo necesito. 私は｛彼・それ｝が必要だ）。

現在完了と点過去

　現在完了を頻繁に用いるのはスペインのスペイン語の特徴です。スペインのスペイン語では、発話時以前に完了した事柄は、発話時を含む時間帯（「今日」「今週」など）に起こったことであれば現在完了で（Esta tarde he ido de compras. 今日の午後買い物に出かけた）、そうでなければ点過去で表しますが（Ayer fui de compras. 昨日買い物に行った）、その他の地域では、発話時を含むかどうかは問題ではなく、発話時以前に完了した事柄であれば点過去で表します（Esta tarde fui de compras.）。では現在完了はどのような場合に使うのかについては、地域差はあるものの、発話時にまだ継続している事柄やまだ完了していない事柄を表すのに用いられるというのが共通しているようです（Todavía no lo he leído. まだそれを読んでいない）。また、スペインでもイベリア半島北西部のアストゥリアス地方やガリシア地方、またカナリア諸島では、現在完了よりも点過去が使われる傾向が見られます。

未 来 形

　イスパノアメリカの特に口語のスペイン語の特徴としてよく挙げられるのは、未来形の使用頻度の低さです。時間的に未来の事柄を表すには〈ir a ＋不定詞〉の表現が用いられ、未来形が用いられるのは推量の意味を表す場合に限られると言われています。スペインでも〈ir a ＋不定詞〉

の表現は頻繁に使われますが、未来形も同様に見られます。

接続法過去形

　接続法過去にはいわゆる -ra 形と -se 形がありますが、-se 形が用いられるのはスペインのスペイン語の特徴で、イスパノアメリカでの使用はまれで、文語的で硬い印象が出ると言われています。また、-ra 形が直説法過去完了として用いられることはすでに述べましたが（☞〈法・時制・アスペクト〉時制 4)、この用法がより観察されるのはイスパノアメリカだとされています。

疑問文の主格人称代名詞

　カリブ海地域のスペイン語の特徴のひとつに、疑問詞を伴う疑問文において、疑問詞と動詞の間に主格人称代名詞が位置する現象があります（¿Dónde tú vives?　君はどこに住んでるの？）。また、不定詞が主語を取る場合も、その他の地域では不定詞の後ろに位置するのに対して（al llegar ella 彼女が着くと）、不定詞の前に来るということも観察されています（al ella llegar)。

　続いて、発音上の差異を見てみましょう。

z / c / s

　すでに触れたように、イスパノアメリカほぼ全域とスペインのアンダルシア地方の一部、カナリア諸島などでは、z で綴られる音と ce, ci の綴りの c の音を、s で綴られる音と同じように発音する seseo と呼ばれる現象があります。一方、スペインの中央部、北部などのその他の地域では、舌先を上下の歯の間に触れさせて発音し、s で綴られる音とは区別します。この、casa と caza が同じ発音になるか区別されるかで異なる 2 種類の発

音の仕方は、スペイン語圏を二分する、スペイン語の発音に見られる地域差の中でもっとも大きなものです。また、スペインのアンダルシア地方の南西部では、ceceo と呼ばれる、seseo とは反対に s の綴りの音を z の綴りの音のように発音する現象が見られます（☞1 スペイン語の歴史 ④黄金世紀）。

j / g

j で綴られる音と ge, gi の綴りの g の音の発音の仕方も大きく分けて 2 つあり、地域差が見られます。軟口蓋で摩擦を起こす発音（[x]）と、声門で摩擦を起こす発音（[h]）です（☞ 1 スペイン語の歴史 ④黄金世紀）。後者は、カリブ海地域、中央アメリカと南米北部の特徴と言われています。前者の軟口蓋で調音される場合も、強い摩擦を伴うのはスペインの中央部、北部に特徴的で、摩擦の弱いその他の地域とは異なります。

ll / y

ll と y の文字で綴られる音の発音に注目すると、スペイン語圏は大きく 2 つに分けられます。両者を区別する地域と区別しない地域です。区別する地域は次第に減ってきていると言われていますが、スペインでは北部、イスパノアメリカではアンデス地域がそれにあたります。それらの地域では、arrollo（← arrollar 私は轢く）と arroyo（小川）が発音上も区別されます。ただし、区別する 2 つの音がそれぞれどのようなものであるかには地域差があります。

一方、区別しないその他の大部分の地域は、その発音によって大きく 3 つに分けられます。スペインでは主に歯茎や硬口蓋で摩擦を起こす弱いジャ行のように聞こえる音、カリブ海地域やその周辺では摩擦がほとんど起こらないヤ行のような音、アルゼンチンやウルグアイではシャ行のように聞こえる無声の摩擦音が用いられます。

音節末の s

　たとえば disco（レコード）の s のように、音節の最後に位置する s の音が、[h] の音になったり、まったく発音されなかったりする地域があります。スペインではアンダルシア地方とカナリア諸島に特徴的で、イスパノアメリカでは、海岸部や平野部に広範にわたって観察されます。特に発音されない傾向が強いのがカリブ海地域です。イスパノアメリカの高原地帯やスペインのその他の地域では、s の音で発音されます。

r / l

　スペインの南部とカナリア諸島、イスパノアメリカのカリブ海地域とその周辺で観察される現象に、音節末の r と l の音が同化して入れ替わるというものがあります（puerta → puelta, bolsa → borsa）。社会的な許容度は低い現象です。これらの地域では、音節末の r が、発音されなかったり、[h] の音で発音されたりすることもあります。

語　彙

　ここまで文法面、発音面に見られる地域差を紹介してきましたが、地域による差は語彙においても多く存在します。スペインで古い時代に用いられていた語や方言的であった語が、イスパノアメリカでは日常的に使用されていたり、同じ語がスペインとイスパノアメリカで異なる語義やニュアンスを持っていたりする例があります。たとえば、スペイン語圏全体で非常に使用頻度の高い基本動詞である tomar には、イスパノアメリカでは「お酒を飲む」という語義があります。一方、スペインでは tomar はそれだけではお酒を飲むという意味にはならず、具体的な飲み物を明示する必要があります（tomar vino ワインを飲む）。また、camión という名詞はメキシコでは「バス」という意味ですが、その他の地域では「トラック」を指します。さらに、赤ワインを意味する tinto という単語は、コロンビ

アなどでは「ブラックコーヒー」も指します。

　イスパノアメリカと言ってももちろん一様ではなく地域差はありますが、以下では単純化して語彙のバリエーションの例を挙げることにします。

	〈イスパノアメリカ〉	〈スペイン〉
自動車	auto　　　carro	coche
切符	boleto　　pasaje	billete
メガネ	anteojos　espejuelos　lentes	gafas
じゃがいも	papa	patata
コンピューター	computador　computadora	ordenador
怒った	enojado	enfadado
かわいい、きれいな	lindo	bonito
運転する	guiar　　　manejar	conducir
捨てる	botar	tirar

文法用語索引

スペイン語文法用語集

（動詞の名称には、hablar の直説法 1 人称単数の活用を例示してあります）

adjetivo	形容詞
～ calificativo	叙述形容詞；品質形容詞
～ determinativo	限定形容詞
～ relacional	分類形容詞
adverbio	副詞
agente	動作主
antecedente	先行詞
artículo	冠詞
～ determinado/definido	定冠詞
～ indeterminado/indefinido	不定冠詞
aspecto	アスペクト、相
～ atélico/no delimitado	非完結アスペクト
～ gramatical	文法アスペクト
～ imperfectivo	未完了アスペクト
～ léxico	語彙アスペクト
～ perfectivo	完了アスペクト
～ télico/delimitado	完結アスペクト
átono	無強勢の
atributo	属詞
cardinal	基数詞
caso	格
causativo	使役の
cláusula	節
～ principal	主節
～ subordinada	従属節
coma	コンマ（ , ）
comillas	引用符（« », " ", ' '）
comparativo	比較級

complemento	補語
〜 circunstancial	状況補語
〜 de régimen preposicional	斜格補語
〜 predicativo	叙述補語
concordancia	一致
condicional (simple)	過去未来；過去未来形（hablaría）
condicional compuesto	過去未来完了；過去未来完了形（habría hablado）
conjugación	活用
conjunción	接続詞
cuantificador	数量詞
decimal	小数
definido	定の
definitud	定性
demostrativo	指示詞
determinante	限定詞
dos puntos	コロン（:）
especificativo	限定的な
específico	特定の
estilo	話法
〜 directo	直接話法
〜 indirecto	間接話法
〜 indirecto libre	自由間接話法
explicativo	説明的な
femenino	女性
forma	形、形式
〜 compuesta	複合形
〜 no personal	非人称形
〜 personal	人称形
〜 simple	単純形
fraccionario	分数詞

futuro (simple)	未来；未来形（hablaré）
futuro compuesto	未来完了；未来完了形（habré hablado）
género gramatical	（文法上の）性
gerundio	現在分詞
indefinido	不定の
inespecífico	不特定の
infinitivo	不定詞
interjección	間投詞
interrogativo	疑問詞
masculino	男性
modalidad	モダリティー
modo	法
～ imperativo	命令法
～ indicativo	直説法
～ subjuntivo	接続法
multiplicativo	倍数詞
neutro	中性
nombre	名詞
～ contable	可算名詞
～ femenino	女性名詞
～ incontable	不可算名詞
～ masculino	男性名詞
numeral	数詞
número	数
objeto	目的語
～ directo	直接目的語
～ indirecto	間接目的語
oración	文；節
～ activa	能動文
～ concesiva	譲歩文
～ condicional	条件文

～ declarativa	平叙文
～ desiderativa	願望文
～ dubitativa	疑惑文
～ exclamativa	感嘆文
～ exhortativa	命令文
～ impersonal	不定人称文
～ interrogativa	疑問文
～ pasiva	受動文
～ reflexiva	再帰文
～ unipersonal	単人称文
ordinal	序数詞
paciente	被動者
participio	過去分詞
pasiva	受動態
～ perifrástica	ser 受身
～ refleja	se 受身
perífrasis verbal	動詞迂言句
persona	人称
primera ～	1 人称
segunda ～	2 人称
tercera ～	3 人称
plural	複数；複数形
posesivo	所有詞
predicado	述語；述部
preposición	前置詞
presente	現在；現在形（hablo）
pretérito	過去；過去形
～ indefinido/perfecto simple	点過去；点過去形（hablé）
～ imperfecto	線過去；線過去形（hablaba）
～ perfecto (compuesto)	現在完了；現在完了形（he hablado）
～ pluscuamperfecto	過去完了；過去完了形（había hablado）

pronombre	代名詞
〜 personal	人称代名詞
〜 reflexivo	再帰代名詞
punto	ピリオド（.）
punto y coma	セミコロン（;）
raya	ダッシュ（―）
reflexivo	再帰の
relativo	関係詞
singular	単数；単数形
sintagma	句
sujeto	主語；主部
superlativo	最上級
suplemento	補完補語
tiempo verbal	時制
tónico	強勢のある
verbo	動詞
〜 copulativo	連結動詞
〜 de percepción	知覚動詞
〜 inacusativo	非対格自動詞
〜 intransitivo	自動詞
〜 pseudocopulativo	準連結動詞
〜 recíproco	相互動詞
〜 reflexivo	再帰動詞
〜 semicopulativo	準連結動詞
〜 transitivo	他動詞
voz	態
〜 activa	能動態
〜 media	中動態
〜 pasiva	受動態

動詞活用表

- 接続法未来、接続法未来完了は省略しています。
- 上から、1人称単数、2人称単数（tú/vos）、3人称単数、1人称複数、2人称複数、3人称複数の順に並べています。
- 不規則動詞の複合形は省略しています。

〈不規則動詞〉
- 不規則活用の中でも特に重要だと思われるタイプについて、その代表的な動詞を挙げました。
- 過去分詞や現在分詞だけが不規則なもの、正書法上注意が必要だけれども活用自体は規則的なものは除いています。
- 見出しは各動詞の不定詞です。

〈規則動詞〉

		ar 動詞　　hablar		
		単純形	複合形	
不定詞		hablar	haber hablado	
過去分詞		hablado	—	
現在分詞		hablando	habiendo hablado	
直説法	現在	hablo hablas/hablás habla hablamos habláis hablan	現在完了	he hablado has hablado ha hablado hemos hablado habéis hablado han hablado
	線過去	hablaba hablabas hablaba hablábamos hablabais hablaban	過去完了	había hablado habías hablado había hablado habíamos hablado habíais hablado habían hablado
	点過去	hablé hablaste habló hablamos hablasteis hablaron	直前過去完了	hube hablado hubiste hablado hubo hablado hubimos hablado hubisteis hablado hubieron hablado
	未来	hablaré hablarás hablará hablaremos hablaréis hablarán	未来完了	habré hablado habrás hablado habrá hablado habremos hablado habréis hablado habrán hablado
	過去未来	hablaría hablarías hablaría hablaríamos hablaríais hablarían	過去未来完了	habría hablado habrías hablado habría hablado habríamos hablado habríais hablado habrían hablado

接続法	現在	hable hables hable hablemos habléis hablen	現在完了	haya hablado hayas hablado haya hablado hayamos hablado hayáis hablado hayan hablado
	過去	hablara hablaras hablara habláramos hablarais hablaran	過去完了	hubiera hablado hubieras hablado hubiera hablado hubiéramos hablado hubierais hablado hubieran hablado
		hablase hablases hablase hablásemos hablaseis hablasen		hubiese hablado hubieses hablado hubiese hablado hubiésemos hablado hubieseis hablado hubiesen hablado
命令法	tú/vos	habla/hablá		—
	vosotros	hablad		—

er 動詞　　comer		
	単純形	複合形
不定詞	comer	haber comido
過去分詞	comido	—
現在分詞	comiendo	habiendo comido

直説法	現在	como comes/comés come comemos coméis comen	現在完了	he comido has comido ha comido hemos comido habéis comido han comido
	線過去	comía comías comía comíamos comíais comían	過去完了	había comido habías comido había comido habíamos comido habíais comido habían comido
	点過去	comí comiste comió comimos comisteis comieron	直前過去完了	hube comido hubiste comido hubo comido hubimos comido hubisteis comido hubieron comido
	未来	comeré comerás comerá comeremos comeréis comerán	未来完了	habré comido habrás comido habrá comido habremos comido habréis comido habrán comido
	過去未来	comería comerías comería comeríamos comeríais comerían	過去未来完了	habría comido habrías comido habría comido habríamos comido habríais comido habrían comido

接続法	現在	coma comas coma comamos comáis coman	現在完了	haya comido hayas comido haya comido hayamos comido hayáis comido hayan comido
	過去	comiera comieras comiera comiéramos comierais comieran	過去完了	hubiera comido hubieras comido hubiera comido hubiéramos comido hubierais comido hubieran comido
		comiese comieses comiese comiésemos comieseis comiesen		hubiese comido hubieses comido hubiese comido hubiésemos comido hubieseis comido hubiesen comido
命令法	tú/vos	come/comé		—
	vosotros	comed		—

ir 動詞 　　vivir		
	単純形	複合形
不定詞	vivir	haber vivido
過去分詞	vivido	—
現在分詞	viviendo	habiendo vivido

直説法	現在	vivo vives/vivís vive vivimos vivís viven	現在完了	he vivido has vivido ha vivido hemos vivido habéis vivido han vivido
	線過去	vivía vivías vivía vivíamos vivíais vivían	過去完了	había vivido habías vivido había vivido habíamos vivido habíais vivido habían vivido
	点過去	viví viviste vivió vivimos vivisteis vivieron	直前過去完了	hube vivido hubiste vivido hubo vivido hubimos vivido hubisteis vivido hubieron vivido
	未来	viviré vivirás vivirá viviremos viviréis vivirán	未来完了	habré vivido habrás vivido habrá vivido habremos vivido habréis vivido habrán vivido
	過去未来	viviría vivirías viviría viviríamos viviríais vivirían	過去未来完了	habría vivido habrías vivido habría vivido habríamos vivido habríais vivido habrían vivido

接続法	現在	viva vivas viva vivamos viváis vivan	現在完了	haya vivido hayas vivido haya vivido hayamos vivido hayáis vivido hayan vivido
	過去	viviera vivieras viviera viviéramos vivierais vivieran	過去完了	hubiera vivido hubieras vivido hubiera vivido hubiéramos vivido hubierais vivido hubieran vivido
		viviese vivieses viviese viviésemos vivieseis viviesen		hubiese vivido hubieses vivido hubiese vivido hubiésemos vivido hubieseis vivido hubiesen vivido
命令法	tú/vos	vive/viví		—
	vosotros	vivid		—

〈不規則動詞〉

	直説法			
	現在	線過去	点過去	未来
adquirir 過去分詞 adquirido 現在分詞 adquiriendo	adquiero adquieres/adquirís adquiere adquirimos adquirís adquieren	adquiría adquirías adquiría adquiríamos adquiríais adquirían	adquirí adquiriste adquirió adquirimos adquiristeis adquirieron	adquiriré adquirirás adquirirá adquiriremos adquiriréis adquirirán
andar 過去分詞 andado 現在分詞 andando	ando andas/andás anda andamos andáis andan	andaba andabas andaba andábamos andabais andaban	anduve anduviste anduvo anduvimos anduvisteis anduvieron	andaré andarás andará andaremos andaréis andarán
averiguar 過去分詞 averiguado 現在分詞 averiguando	averiguo averiguas/averiguás averigua averiguamos averiguáis averiguan	averiguaba averiguabas averiguaba averiguábamos averiguabais averiguaban	averigüé averiguaste averiguó averiguamos averiguasteis averiguaron	averiguaré averiguarás averiguará averiguaremos averiguaréis averiguarán
caber 過去分詞 cabido 現在分詞 cabiendo	quepo cabes/cabés cabe cabemos cabéis caben	cabía cabías cabía cabíamos cabíais cabían	cupe cupiste cupo cupimos cupisteis cupieron	cabré cabrás cabrá cabremos cabréis cabrán
conducir 過去分詞 conducido 現在分詞 conduciendo	conduzco conduces/conducís conduce conducimos conducís conducen	conducía conducías conducía conducíamos conducíais conducían	conduje condujiste condujo condujimos condujisteis condujeron	conduciré conducirás conducirá conduciremos conduciréis conducirán
conocer 過去分詞 conocido 現在分詞 conociendo	conozco conoces/conocés conoce conocemos conocéis conocen	conocía conocías conocía conocíamos conocíais conocían	conocí conociste conoció conocimos conocisteis conocieron	conoceré conocerás conocerá conoceremos conoceréis conocerán

	接続法			命令法
過去未来	現在	過去 -ra 形	過去 -se 形	
adquiriría adquirirías adquiriría adquiriríamos adquiriríais adquirirían	adquiera adquieras adquiera adquiramos adquiráis adquieran	adquiriera adquirieras adquiriera adquiriéramos adquirierais adquirieran	adquiriese adquirieses adquiriese adquiriésemos adquirieseis adquiriesen	adquiere/adquirí adquirid
andaría andarías andaría andaríamos andaríais andarían	ande andes ande andemos andéis anden	anduviera anduvieras anduviera anduviéramos anduvierais anduvieran	anduviese anduvieses anduviese anduviésemos anduvieseis anduviesen	anda/andá andad
averiguaría averiguarías averiguaría averiguaríamos averiguaríais averiguarían	averigüe averigües averigüe averigüemos averigüéis averigüen	averiguara averiguaras averiguara averiguáramos averiguarais averiguaran	averiguase averiguases averiguase averiguásemos averiguaseis averiguasen	averigua/averiguá averiguad
cabría cabrías cabría cabríamos cabríais cabrían	quepa quepas quepa quepamos quepáis quepan	cupiera cupieras cupiera cupiéramos cupierais cupieran	cupiese cupieses cupiese cupiésemos cupieseis cupiesen	
conduciría conducirías conduciría conduciríamos conduciríais conducirían	conduzca conduzcas conduzca conduzcamos conduzcáis conduzcan	condujera condujeras condujera condujéramos condujerais condujeran	condujese condujeses condujese condujésemos condujeseis condujesen	conduce/conducí conducid
conocería conocerías conocería conoceríamos conoceríais conocerían	conozca conozcas conozca conozcamos conozcáis conozcan	conociera conocieras conociera conociéramos conocierais conocieran	conociese conocieses conociese conociésemos conocieseis conociesen	conoce/conocé conoced

	直説法			
	現在	線過去	点過去	未来
contar 過去分詞 contado 現在分詞 contando	cuento cuentas/contás cuenta contamos contáis cuentan	contaba contabas contaba contábamos contabais contaban	conté contaste contó contamos contasteis contaron	contaré contarás contará contaremos contaréis contarán
continuar 過去分詞 continuado 現在分詞 continuando	continúo continúas/continuás continúa continuamos continuáis continúan	continuaba continuabas continuaba continuábamos continuabais continuaban	continué continuaste continuó continuamos continuasteis continuaron	continuaré continuarás continuará continuaremos continuaréis continuarán
dar 過去分詞 dado 現在分詞 dando	doy das da damos dais dan	daba dabas daba dábamos dabais daban	di diste dio dimos disteis dieron	daré darás dará daremos daréis darán
decir 過去分詞 dicho 現在分詞 diciendo	digo dices/decís dice decimos decís dicen	decía decías decía decíamos decíais decían	dije dijiste dijo dijimos dijisteis dijeron	diré dirás dirá diremos diréis dirán
dormir 過去分詞 dormido 現在分詞 durmiendo	duermo duermes/dormís duerme dormimos dormís duermen	dormía dormías dormía dormíamos dormíais dormían	dormí dormiste durmió dormimos dormisteis durmieron	dormiré dormirás dormirá dormiremos dormiréis dormirán
enviar 過去分詞 enviado 現在分詞 enviando	envío envías/enviás envía enviamos enviáis envían	enviaba enviabas enviaba enviábamos enviabais enviaban	envié enviaste envió enviamos enviasteis enviaron	enviaré enviarás enviará enviaremos enviaréis enviarán

	接続法			命令法
過去未来	現在	過去 -ra 形	過去 -se 形	
contaría	cuente	contara	contase	
contarías	cuentes	contaras	contases	cuenta/contá
contaría	cuente	contara	contase	
contaríamos	contemos	contáramos	contásemos	
contaríais	contéis	contarais	contaseis	contad
contarían	cuenten	contaran	contasen	
continuaría	continúe	continuara	continuase	
continuarías	continúes	continuaras	continuases	continúa/continuá
continuaría	continúe	continuara	continuase	
continuaríamos	continuemos	continuáramos	continuásemos	
continuaríais	continuéis	continuarais	continuaseis	continuad
continuarían	continúen	continuaran	continuasen	
daría	dé	diera	diese	
darías	des	dieras	dieses	da
daría	dé	diera	diese	
daríamos	demos	diéramos	diésemos	
daríais	deis	dierais	dieseis	dad
darían	den	dieran	diesen	
diría	diga	dijera	dijese	
dirías	digas	dijeras	dijeses	di/decí
diría	diga	dijera	dijese	
diríamos	digamos	dijéramos	dijésemos	
diríais	digáis	dijerais	dijeseis	decid
dirían	digan	dijeran	dijesen	
dormiría	duerma	durmiera	durmiese	
dormirías	duermas	durmieras	durmieses	duerme/dormí
dormiría	duerma	durmiera	durmiese	
dormiríamos	durmamos	durmiéramos	durmiésemos	
dormiríais	durmáis	durmierais	durmieseis	dormid
dormirían	duerman	durmieran	durmiesen	
enviaría	envíe	enviara	enviase	
enviarías	envíes	enviaras	enviases	envía/enviá
enviaría	envíe	enviara	enviase	
enviaríamos	enviemos	enviáramos	enviásemos	
enviaríais	enviéis	enviarais	enviaseis	enviad
enviarían	envíen	enviaran	enviasen	

		直説法			
		現在	線過去	点過去	未来
empezar 過去分詞 empezado 現在分詞 empezando		empiezo empiezas/empezás empieza empezamos empezáis empiezan	empezaba empezabas empezaba empezábamos empezabais empezaban	empecé empezaste empezó empezamos empezasteis empezaron	empezaré empezarás empezará empezaremos empezaréis empezarán
estar 過去分詞 estado 現在分詞 estando		estoy estás está estamos estáis están	estaba estabas estaba estábamos estabais estaban	estuve estuviste estuvo estuvimos estuvisteis estuvieron	estaré estarás estará estaremos estaréis estarán
haber 過去分詞 habido 現在分詞 habiendo		he has ha/hay hemos habéis han	había habías había habíamos habíais habían	hube hubiste hubo hubimos hubisteis hubieron	habré habrás habrá habremos habréis habrán
hacer 過去分詞 hecho 現在分詞 haciendo		hago haces/hacés hace hacemos hacéis hacen	hacía hacías hacía hacíamos hacíais hacían	hice hiciste hizo hicimos hicisteis hicieron	haré harás hará haremos haréis harán
huir 過去分詞 huido 現在分詞 huyendo		huyo huyes/huis huye huimos huis huyen	huía huías huía huíamos huíais huían	hui huiste huyó huimos huisteis huyeron	huiré huirás huirá huiremos huiréis huirán
ir 過去分詞 ido 現在分詞 yendo		voy vas va vamos vais van	iba ibas iba íbamos ibais iban	fui fuiste fue fuimos fuisteis fueron	iré irás irá iremos iréis irán

	接続法			命令法
過去未来	現在	過去 -ra 形	過去 -se 形	
empezaría	empiece	empezara	empezase	
empezarías	empieces	empezaras	empezases	empieza/empezá
empezaría	empiece	empezara	empezase	
empezaríamos	empecemos	empezáramos	empezásemos	
empezaríais	empecéis	empezarais	empezaseis	empezad
empezarían	empiecen	empezaran	empezasen	
estaría	esté	estuviera	estuviese	
estarías	estés	estuvieras	estuvieses	está
estaría	esté	estuviera	estuviese	
estaríamos	estemos	estuviéramos	estuviésemos	
estaríais	estéis	estuvierais	estuvieseis	estad
estarían	estén	estuvieran	estuviesen	
habría	haya	hubiera	hubiese	
habrías	hayas	hubieras	hubieses	
habría	haya	hubiera	hubiese	
habríamos	hayamos	hubiéramos	hubiésemos	
habríais	hayáis	hubierais	hubieseis	
habrían	hayan	hubieran	hubiesen	
haría	haga	hiciera	hiciese	
harías	hagas	hicieras	hicieses	haz/hacé
haría	haga	hiciera	hiciese	
haríamos	hagamos	hiciéramos	hiciésemos	
haríais	hagáis	hicierais	hicieseis	haced
harían	hagan	hicieran	hiciesen	
huiría	huya	huyera	huyese	
huirías	huyas	huyeras	huyeses	huye/hui
huiría	huya	huyera	huyese	
huiríamos	huyamos	huyéramos	huyésemos	
huiríais	huyáis	huyerais	huyeseis	huid
huirían	huyan	huyeran	huyesen	
iría	vaya	fuera	fuese	
irías	vayas	fueras	fueses	ve/andá
iría	vaya	fuera	fuese	
iríamos	vayamos	fuéramos	fuésemos	
iríais	vayáis	fuerais	fueseis	id
irían	vayan	fueran	fuesen	

	直説法			
	現在	線過去	点過去	未来
jugar 過去分詞 jugado 現在分詞 jugando	juego juegas/jugás juega jugamos jugáis juegan	jugaba jugabas jugaba jugábamos jugabais jugaban	jugué jugaste jugó jugamos jugasteis jugaron	jugaré jugarás jugará jugaremos jugaréis jugarán
leer 過去分詞 leído 現在分詞 leyendo	leo lees/leés lee leemos leéis leen	leía leías leía leíamos leíais leían	leí leíste leyó leímos leísteis leyeron	leeré leerás leerá leeremos leeréis leerán
morir 過去分詞 muerto 現在分詞 muriendo	muero mueres/morís muere morimos morís mueren	moría morías moría moríamos moríais morían	morí moriste murió morimos moristeis murieron	moriré morirás morirá moriremos moriréis morirán
oír 過去分詞 oído 現在分詞 oyendo	oigo oyes/oís oye oímos oís oyen	oía oías oía oíamos oíais oían	oí oíste oyó oímos oísteis oyeron	oiré oirás oirá oiremos oiréis oirán
oler 過去分詞 olido 現在分詞 oliendo	huelo hueles/olés huele olemos oléis huelen	olía olías olía olíamos olíais olían	olí oliste olió olimos olisteis olieron	oleré olerás olerá oleremos oleréis olerán
parecer 過去分詞 parecido 現在分詞 pareciendo	parezco pareces/parecés parece parecemos parecéis parecen	parecía parecías parecía parecíamos parecíais parecían	parecí pareciste pareció parecimos parecisteis parecieron	pareceré parecerás parecerá pareceremos pareceréis parecerán

	接続法			命令法
過去未来	現在	過去 -ra 形	過去 -se 形	
jugaría	juegue	jugara	jugase	
jugarías	juegues	jugaras	jugases	juega/jugá
jugaría	juegue	jugara	jugase	
jugaríamos	juguemos	jugáramos	jugásemos	
jugaríais	juguéis	jugarais	jugaseis	jugad
jugarían	jueguen	jugaran	jugasen	
leería	lea	leyera	leyese	
leerías	leas	leyeras	leyeses	lee/leé
leería	lea	leyera	leyese	
leeríamos	leamos	leyéramos	leyésemos	
leeríais	leáis	leyerais	leyeseis	leed
leerían	lean	leyeran	leyesen	
moriría	muera	muriera	muriese	
morirías	mueras	murieras	murieses	muere/morí
moriría	muera	muriera	muriese	
moriríamos	muramos	muriéramos	muriésemos	
moriríais	muráis	murierais	murieseis	morid
morirían	mueran	murieran	muriesen	
oiría	oiga	oyera	oyese	
oirías	oigas	oyeras	oyeses	oye/oí
oiría	oiga	oyera	oyese	
oiríamos	oigamos	oyéramos	oyésemos	
oiríais	oigáis	oyerais	oyeseis	oíd
oirían	oigan	oyeran	oyesen	
olería	huela	oliera	oliese	
olerías	huelas	olieras	olieses	huele/olé
olería	huela	oliera	oliese	
oleríamos	olamos	oliéramos	oliésemos	
oleríais	oláis	olierais	olieseis	oled
olerían	huelan	olieran	oliesen	
parecería	parezca	pareciera	pareciese	
parecerías	parezcas	parecieras	parecieses	parece/parecé
parecería	parezca	pareciera	pareciese	
pareceríamos	parezcamos	pareciéramos	pareciésemos	
pareceríais	parezcáis	parecierais	parecieseis	pareced
parecerían	parezcan	parecieran	pareciesen	

	直説法			
	現在	線過去	点過去	未来
pedir 過去分詞 pedido 現在分詞 pidiendo	pido pides/pedís pide pedimos pedís piden	pedía pedías pedía pedíamos pedíais pedían	pedí pediste pidió pedimos pedisteis pidieron	pediré pedirás pedirá pediremos pediréis pedirán
poder 過去分詞 podido 現在分詞 pudiendo	puedo puedes/podés puede podemos podéis pueden	podía podías podía podíamos podíais podían	pude pudiste pudo pudimos pudisteis pudieron	podré podrás podrá podremos podréis podrán
poner 過去分詞 puesto 現在分詞 poniendo	pongo pones/ponés pone ponemos ponéis ponen	ponía ponías ponía poníamos poníais ponían	puse pusiste puso pusimos pusisteis pusieron	pondré pondrás pondrá pondremos pondréis pondrán
prohibir 過去分詞 prohibido 現在分詞 prohibiendo	prohíbo prohíbes/prohibís prohíbe prohibimos prohibís prohíben	prohibía prohibías prohibía prohibíamos prohibíais prohibían	prohibí prohibiste prohibió prohibimos prohibisteis prohibieron	prohibiré prohibirás prohibirá prohibiremos prohibiréis prohibirán
querer 過去分詞 querido 現在分詞 queriendo	quiero quieres/querés quiere queremos queréis quieren	quería querías quería queríamos queríais querían	quise quisiste quiso quisimos quisisteis quisieron	querré querrás querrá querremos querréis querrán
reír 過去分詞 reído 現在分詞 riendo	río ríes/reís ríe reímos reís ríen	reía reías reía reíamos reíais reían	reí reíste rio reímos reísteis rieron	reiré reirás reirá reiremos reiréis reirán

	接続法			命令法
過去未来	現在	過去 -ra 形	過去 -se 形	
pediría	pida	pidiera	pidiese	
pedirías	pidas	pidieras	pidieses	pide/pedí
pediría	pida	pidiera	pidiese	
pediríamos	pidamos	pidiéramos	pidiésemos	
pediríais	pidáis	pidierais	pidieseis	pedid
pedirían	pidan	pidieran	pidiesen	
podría	pueda	pudiera	pudiese	
podrías	puedas	pudieras	pudieses	
podría	pueda	pudiera	pudiese	
podríamos	podamos	pudiéramos	pudiésemos	
podríais	podáis	pudierais	pudieseis	
podrían	puedan	pudieran	pudiesen	
pondría	ponga	pusiera	pusiese	
pondrías	pongas	pusieras	pusieses	pon/poné
pondría	ponga	pusiera	pusiese	
pondríamos	pongamos	pusiéramos	pusiésemos	
pondríais	pongáis	pusierais	pusieseis	poned
pondrían	pongan	pusieran	pusiesen	
prohibiría	prohíba	prohibiera	prohibiese	
prohibirías	prohíbas	prohibieras	prohibieses	prohíbe/prohibí
prohibiría	prohíba	prohibiera	prohibiese	
prohibiríamos	prohibamos	prohibiéramos	prohibiésemos	
prohibiríais	prohibáis	prohibierais	prohibieseis	prohibid
prohibirían	prohíban	prohibieran	prohibiesen	
querría	quiera	quisiera	quisiese	
querrías	quieras	quisieras	quisieses	quiere/queré
querría	quiera	quisiera	quisiese	
querríamos	queramos	quisiéramos	quisiésemos	
querríais	queráis	quisierais	quisieseis	quered
querrían	quieran	quisieran	quisiesen	
reiría	ría	riera	riese	
reirías	rías	rieras	rieses	ríe/reí
reiría	ría	riera	riese	
reiríamos	riamos	riéramos	riésemos	
reiríais	riais	rierais	rieseis	reíd
reirían	rían	rieran	riesen	

		直説法		
	現在	線過去	点過去	未来
reñir 過去分詞 reñido 現在分詞 riñendo	riño riñes/reñís riñe reñimos reñís riñen	reñía reñías reñía reñíamos reñíais reñían	reñí reñiste riñó reñimos reñisteis riñeron	reñiré reñirás reñirá reñiremos reñiréis reñirán
reunir 過去分詞 reunido 現在分詞 reuniendo	reúno reúnes/reunís reúne reunimos reunís reúnen	reunía reunías reunía reuníamos reuníais reunían	reuní reuniste reunió reunimos reunisteis reunieron	reuniré reunirás reunirá reuniremos reuniréis reunirán
saber 過去分詞 sabido 現在分詞 sabiendo	sé sabes/sabés sabe sabemos sabéis saben	sabía sabías sabía sabíamos sabíais sabían	supe supiste supo supimos supisteis supieron	sabré sabrás sabrá sabremos sabréis sabrán
salir 過去分詞 salido 現在分詞 saliendo	salgo sales/salís sale salimos salís salen	salía salías salía salíamos salíais salían	salí saliste salió salimos salisteis salieron	saldré saldrás saldrá saldremos saldréis saldrán
sentir 過去分詞 sentido 現在分詞 sintiendo	siento sientes/sentís siente sentimos sentís sienten	sentía sentías sentía sentíamos sentíais sentían	sentí sentiste sintió sentimos sentisteis sintieron	sentiré sentirás sentirá sentiremos sentiréis sentirán
ser 過去分詞 sido 現在分詞 siendo	soy eres/sos es somos sois son	era eras era éramos erais eran	fui fuiste fue fuimos fuisteis fueron	seré serás será seremos seréis serán

	接続法			命令法
過去未来	現在	過去 -ra 形	過去 -se 形	
reñiría	riña	riñera	riñese	
reñirías	riñas	riñeras	riñeses	riñe/reñí
reñiría	riña	riñera	riñese	
reñiríamos	riñamos	riñéramos	riñésemos	
reñiríais	riñáis	riñerais	riñeseis	reñid
reñirían	riñan	riñeran	riñesen	
reuniría	reúna	reuniera	reuniese	
reunirías	reúnas	reunieras	reunieses	reúne/reuní
reuniría	reúna	reuniera	reuniese	
reuniríamos	reunamos	reuniéramos	reuniésemos	
reuniríais	reunáis	reunierais	reunieseis	reunid
reunirían	reúnan	reunieran	reuniesen	
sabría	sepa	supiera	supiese	
sabrías	sepas	supieras	supieses	sabe/sabé
sabría	sepa	supiera	supiese	
sabríamos	sepamos	supiéramos	supiésemos	
sabríais	sepáis	supierais	supieseis	sabed
sabrían	sepan	supieran	supiesen	
saldría	salga	saliera	saliese	
saldrías	salgas	salieras	salieses	sal/salí
saldría	salga	saliera	saliese	
saldríamos	salgamos	saliéramos	saliésemos	
saldríais	salgáis	salierais	salieseis	salid
saldrían	salgan	salieran	saliesen	
sentiría	sienta	sintiera	sintiese	
sentirías	sientas	sintieras	sintieses	siente/sentí
sentiría	sienta	sintiera	sintiese	
sentiríamos	sintamos	sintiéramos	sintiésemos	
sentiríais	sintáis	sintierais	sintieseis	sentid
sentirían	sientan	sintieran	sintiesen	
sería	sea	fuera	fuese	
serías	seas	fueras	fueses	sé
sería	sea	fuera	fuese	
seríamos	seamos	fuéramos	fuésemos	
seríais	seáis	fuerais	fueseis	sed
serían	sean	fueran	fuesen	

	直説法			
	現在	線過去	点過去	未来
tener 過去分詞 tenido 現在分詞 teniendo	tengo tienes/tenés tiene tenemos tenéis tienen	tenía tenías tenía teníamos teníais tenían	tuve tuviste tuvo tuvimos tuvisteis tuvieron	tendré tendrás tendrá tendremos tendréis tendrán
traer 過去分詞 traído 現在分詞 trayendo	traigo traes/traés trae traemos traéis traen	traía traías traía traíamos traíais traían	traje trajiste trajo trajimos trajisteis trajeron	traeré traerás traerá traeremos traeréis traerán
valer 過去分詞 valido 現在分詞 valiendo	valgo vales/valés vale valemos valéis valen	valía valías valía valíamos valíais valían	valí valiste valió valimos valisteis valieron	valdré valdrás valdrá valdremos valdréis valdrán
venir 過去分詞 venido 現在分詞 viniendo	vengo vienes/venís viene venimos venís vienen	venía venías venía veníamos veníais venían	vine viniste vino vinimos vinisteis vinieron	vendré vendrás vendrá vendremos vendréis vendrán
ver 過去分詞 visto 現在分詞 viendo	veo ves ve vemos veis ven	veía veías veía veíamos veíais veían	vi viste vio vimos visteis vieron	veré verás verá veremos veréis verán
volver 過去分詞 vuelto 現在分詞 volviendo	vuelvo vuelves/volvés vuelve volvemos volvéis vuelven	volvía volvías volvía volvíamos volvíais volvían	volví volviste volvió volvimos volvisteis volvieron	volveré volverás volverá volveremos volveréis volverán

接続法				命令法
過去未来	現在	過去 -ra 形	過去 -se 形	
tendría	tenga	tuviera	tuviese	
tendrías	tengas	tuvieras	tuvieses	ten/tené
tendría	tenga	tuviera	tuviese	
tendríamos	tengamos	tuviéramos	tuviésemos	
tendríais	tengáis	tuvierais	tuvieseis	tened
tendrían	tengan	tuvieran	tuviesen	
traería	traiga	trajera	trajese	
traerías	traigas	trajeras	trajeses	trae/traé
traería	traiga	trajera	trajese	
traeríamos	traigamos	trajéramos	trajésemos	
traeríais	traigáis	trajerais	trajeseis	traed
traerían	traigan	trajeran	trajesen	
valdría	valga	valiera	valiese	
valdrías	valgas	valieras	valieses	vale/valé
valdría	valga	valiera	valiese	
valdríamos	valgamos	valiéramos	valiésemos	
valdríais	valgáis	valierais	valieseis	valed
valdrían	valgan	valieran	valiesen	
vendría	venga	viniera	viniese	
vendrías	vengas	vinieras	vinieses	ven/vení
vendría	venga	viniera	viniese	
vendríamos	vengamos	viniéramos	viniésemos	
vendríais	vengáis	vinierais	vinieseis	venid
vendrían	vengan	vinieran	viniesen	
vería	vea	viera	viese	
verías	veas	vieras	vieses	ve
vería	vea	viera	viese	
veríamos	veamos	viéramos	viésemos	
veríais	veáis	vierais	vieseis	ved
verían	vean	vieran	viesen	
volvería	vuelva	volviera	volviese	
volverías	vuelvas	volvieras	volvieses	vuelve/volvé
volvería	vuelva	volviera	volviese	
volveríamos	volvamos	volviéramos	volviésemos	
volveríais	volváis	volvierais	volvieseis	volved
volverían	vuelvan	volvieran	volviesen	

参考文献

Asociación de Academias de la Lengua Española (2010): *Diccionario de ameri-canismos*, Madrid, Santillana.

Bosque, Ignacio & Violeta Demonte (1999): *Gramática descriptiva de la lengua española*, Madrid, Espasa Calpe.

Butt, John, Carmen Benjamin & Antonia Moreira Rodríguez (2019): *A New Reference Grammar of Modern Spanish*, 6th edition, London/New York, Routledge.

出口厚実 (1997)『スペイン語学入門』大学書林.

江藤一郎 (2003)『基本スペイン語文法』芸林書房.

福嶌教隆、フアン・ロメロ・ディアス (2021)『詳説スペイン語文法』白水社.

堀田英夫 (2011)『スペイン語圏の形成と多様性』朝日出版社.

三好準之助 (2006)『概説アメリカ・スペイン語』大学書林.

—— (2010)『南北アメリカ・スペイン語』大学書林.

中岡省治 (1993)『中世スペイン語入門』大学書林.

Real Academia Española y Asociación de Academias de la Lengua Española (2005): *Diccionario panhispánico de dudas*, Madrid, Santillana.［オンライン版暫定第 2 版 https://www.rae.es/dpd/］

—— (2009): *Nueva gramática de la lengua española. Morfología y sintaxis*, Madrid, Espasa.

—— (2010): *Ortografía de la lengua española*, Madrid, Espasa.

—— (2019): *Glosario de términos gramaticales*, Salamanca, Ediciones Universidad de Salamanca.

高橋正武 (1967)『新スペイン広文典』白水社.

寺崎英樹 (1998)『スペイン語文法の構造』大学書林.

—— (2011)『スペイン語史』大学書林.

東京外国語大学スペイン語研究室 (2012)『スペイン語 1 年教科書』私家版.

上田博人 (2011)『スペイン語文法ハンドブック』研究社.

山田善郎（監修）(1995)『中級スペイン文法』白水社.

—— (1996)『スペインの言語』同朋舎出版.

本書は 2014 年に小社より刊行された『中級スペイン語 読みとく文法』の新装版です。

著者紹介

西村君代（にしむら きみよ）
　上智大学外国語学部教授。スペイン語学専攻。
　大阪外国語大学外国語学部イスパニア語学科卒業。
　同大学院言語社会研究科博士後期課程修了（博士・言語文化学）。
　主要著書・編著書
　『西和中辞典　第 2 版』（編集委員、小学館）
　『プログレッシブ単語帳　日本語から引く知っておきたいスペイン語』
　（共著、小学館）
　『改訂版　口が覚えるスペイン語　スピーキング体得トレーニング』
　（共著、三修社）

中級スペイン語 読みとく文法 ［新装版］

2024 年 6 月 25 日 印刷
2024 年 7 月 20 日 発行

著　者 ©　西　村　君　代
発行者　　　岩　堀　雅　己
印刷所　　　株式会社三秀舎

発行所　101-0052 東京都千代田区神田小川町 3 の 24
　　　　電話 03-3291-7811（営業部），7821（編集部）　　株式会社　白水社
　　　　www.hakusuisha.co.jp
　　　　乱丁・落丁本は送料小社負担にてお取り替えいたします。

振替 00190-5-33228　　　Printed in Japan　　　誠製本株式会社

ISBN978-4-560-09978-0